广东省典型地类土地利用变化趋势预测研究

广东省土地调查规划院　编著

北京航空航天大学出版社

内 容 简 介

本书内容共分为6章，内容包括广东省"三调"概况，模拟研究方法综述，模型构建，典型地类变化模拟与预测，预测结果分析，土地利用问题与对策。本书内容基于广东省"三调"成果所开展的系列研究，以期为政府有效保护耕地、保护土地生态环境、合理开发利用土地和制定科学规划提供可靠参考。

图书在版编目（CIP）数据

广东省典型地类土地利用变化趋势预测研究 / 广东

省土地调查规划院编著. —北京：北京航空航天大学出

版社，2022.7

ISBN 978-7-5124-3829-3

Ⅰ.①广…　Ⅱ.①广…　Ⅲ.①土地利用–研究–广东

Ⅳ.①F321.1

中国版本图书馆CIP数据核字（2022）第110956号

广东省典型地类土地利用变化趋势预测研究

广东省土地调查规划院　编著

责任编辑　董宜斌

*

北京航空航天大学出版社出版发行

北京市海淀区学院路 37 号（邮编 100191）　http：//www.buaapress.com.cn

发行部电话：（010）82317024　传真：（010）82328026

读者信箱：copyrights@buaacm.com.cn　邮购电话：（010）82316936

北京富资园科技发展有限公司印装　各地书店经销

*

开本：710×1 000　1/16　印张：8.25　字数：139 千字

2022 年 7 月第 1 版　2022 年 7 月第 1 次印刷

ISBN 978-7-5124-3829-3　定价：69.00 元

编 委 会

主　编：刘茂国

副主编：周泊远　许　涛

编　委：黄宇婷　林勋媛　周常萍　王文渊　陶　岚
　　　　范晶晶

前　言

　　土地是人类赖以生存和发展的物质基础，是宝贵的、不可再生的自然资源，也是可持续利用的生产资料。土地利用的广度、深度和合理程度是土地生产规模、水平和特点的集中反映。随着经济的迅速发展，人口的日益增长，城镇化趋势和建设用地规模日益扩大，这加剧了城市用地与国民经济其他部门用地，特别是与农业用地的矛盾。在新的形势下，国民经济与社会发展对土地利用提出了更高、更严格的要求，我们必须要认清土地面临的严峻形势，改变土地利用与管理的方法，切实加强土地利用与管理的宏观调控，合理确定农业用地和建设用地的规模和布局，优化土地资源配置，不断提高土地利用率和产出率，为国民经济持续、稳定、快速发展创造良好的土地条件。

　　国土调查是我国法定的一项重要制度，是全面查实查清土地资源的重要手段。第三次全国国土调查（以下简称"三调"）作为新时代开展的一项重大国情国力调查，是贯彻落实国务院的决策部署、查实查清、省情省力的重大机遇和重要基础性工作，是利国利民的大事要事，对加快生态文明建设、推进自然资源管理制度改革、贯彻落实最严格的耕地保护制度和最严格的节约用地制度、提升国土资源管理精准化水平、支撑和促进经济社会可持续发展等具有重要意义。国土是生态文明建设的空间载体，全面掌握耕地、森林、湿地、水域、山岭等各类自然资源利用状况，并结合已有社会经济数据，利用科学严谨的数学模型对未来时期土地利用变化趋势进行模拟预测，能够为实现优化国土空间格局的目标、践行耕地保护和生态保护的现实要求提供参考，有利于政府准确分析判断，作出科学决策，更好地践行生态文明思想，落实生态文明体制改革。

　　本书编写成员主要由广东省土地调查规划院的技术人员组成，同时，根据技术研究需要，选择在土地利用变化模拟预测研究方面较有建树的广州市城市规划勘测设计研究院作为协作单位，充分利用已有数据和技术资源，开展了广东省典

1

型地类土地利用变化趋势预测研究。

本书主要围绕土地利用变化和城市扩张模拟研究，从土地利用数量结构模拟、土地利用空间格局模拟以及两者耦合模拟方面对相关模拟研究方法进行概述，并介绍元胞自动机在自然系统建模方面的优点以及改良应用情况；通过对土地利用、数字高程、夜光遥感、社会经济、交通条件等数据进行处理，描述模型构建的详细过程，并提出关于模拟精度的有效性检验方法，以及对基于人工神经网络、决策树算法和 Logistic 回归模型的三类元胞自动机模型进行介绍；基于模型有效性检验，对广东省新增建设用地面积和土地利用变化进行模拟预测，分析全省土地利用变化预测结果、耕地预测结果和建设用地预测结果，并针对当前土地利用存在的问题提出相应的对策。本书分为 6 章。

第一章是广东省"三调"概况。简要介绍广东省"三调"工作开展情况和广东省土地资源概况。由刘茂国、许涛、王文渊负责完成。

第二章是模拟研究方法综述。主要介绍土地利用变化与城市扩张模拟研究、元胞自动机以及元胞自动机的改良应用情况。由周泊远、范晶晶负责完成。

第三章是模型构建。主要介绍数据与处理、模型构建过程以及有效性检验方法，并对研究所用的三类元胞自动机模型进行介绍。由刘茂国、周泊远负责完成。

第四章是典型地类变化模拟与预测。通过对两种情景下模型模拟精度进行检验，进而对广东省新增建设用地面积和土地利用变化进行模拟预测。由刘茂国、林勋媛负责完成。

第五章是预测结果分析。主要对全省土地利用变化预测结果、耕地预测结果和建设用地预测结果进行分析。由黄宇婷、许涛负责完成。

第六章是土地利用问题与对策。主要结合全国三调办、自然资源部在"三调"主要数据成果新闻发布会上阐明的生态文明建设和粮食安全相关问题，提出今后的工作改进措施。由周常萍、刘茂国、陶岚负责完成。

在本书编写过程中，我们查阅了大量的相关著作和论文，引用了一些专家学者的研究成果和观点，在此谨向相关作者和同行表示感谢，并向支持和帮助课题开展的广东省自然资源厅的各位领导、广东省土地调查规划院的各位同事以及广州市城市规划勘测设计研究院的各位同仁一并致谢。

刘茂国

2021 年 9 月 24 日

目　　录

第一章 广东省"三调"概况

土地作为一种稀缺且不可再生的资源，是一个国家最基础且根本的财富。在掌握土地利用现状的基础上，制定并颁布相应的土地政策，使其发挥最大优势造福于民，已经成为每个国家必须面对且必须解决的问题。掌握准确的土地利用现状资料，是国家实施可持续发展战略、全面建成小康社会的根本保障，是有效保护耕地、保护土地生态环境、合理开发利用土地和制定合理科学的规划依据的前提。

2017年10月8日，国务院印发《关于开展第三次全国土地调查的通知》（国发〔2017〕48号），并成立国务院第三次全国土地调查领导小组，这标志着"三调"工作正式拉开帷幕。各地采取切实措施，大力推进第三次全国国土调查工作，并取得了积极进展。第三次全国土地调查以2019年12月31日为标准时点，要求于2020年汇总全国土地调查数据，完成调查工作验收、成果发布等工作。

第三次全国国土调查作为新形势下国务院部署的一项重大的国情国力调查，主要包括土地利用现状及变化情况、土地权属及变化情况、土地条件等内容，其目的是在国家已掌握的土地调查和土地变更调查等相关数据的基础上，按统一的技术标准，全面细化和完善全国土地利用基础数据，全面查实查清国土资源，健全土地调查、监测和统计制度，强化土地资源信息社会化服务，满足经济社会发展和国土资源管理工作需要。此次调查把土地资源调查与森林、湿地、草原、水资源等相关自然资源调查结合起来，逐步形成一张底板、一个平台、一套数据的自然资源调查成果，实现成果信息化管理与共享，满足国民经济和社会发展第十四个五年规划和新一轮土地利用总体规划对国土资源数据的需要。

"三调"工作具有极高的战略定位。做好"三调"工作是推进国家治理体系和治理能力现代化、促进经济社会全面协调可持续发展的客观要求；是加快推进生态文明建设、夯实自然资源（图1.1）调查基础和推进统一确权登记的重要举措；

是保障国家粮食安全和社会稳定、有效保护国土资源的基本前提，需要各地、各部门高度重视，有序开展相关工作。

图 1.1　自然资源示意图

1.1　广东省"三调"工作开展情况

1.1.1　第三次全国土地调查的意义

开展第三次全国土地调查工作的现实意义：随着社会经济的发展，中国开展了第三次全国土地调查，不但可以有效提高土地资源的管理效率，并且能够在此前提下优化土地资源的管理措施与调查方法，推动我国经济社会的稳定发展。

（1）保障国民经济平稳健康发展

当前我国经济发展进入新常态，不动产统一登记、生态文明建设和自然资源资产管理体制改革等工作提上重要议事日程，这些都对土地基础数据提出了更高、更精、更准的需求。开展第三次全国土地调查，全面掌握各行各业用地的数量、质量、结构、分布和利用状况，是实施土地供给侧结构性改革的重要依据；是合理确定土地供应总量、结构和时序，围绕"三去一降一补"（即去产能、去库存、去杠杆、降成本、补短板）精准发力的必要前提；是优先保障战略性新兴产业发展用地，促进产业转型和优化升级，适应实体经济振兴和制造业迈向中高端的经济发展新常态。

（2）保护耕地资源

耕地是我国最为宝贵的资源和粮食生产最重要的物质基础，也是农民最基本的生产资料和最基础的生活保障。我国人均耕地不到世界平均水平的50%，中低产田约占72%，粮食生产保障能力不够稳定。随着人口持续增长，我国人均耕地还将下降，耕地资源紧约束态势仍将进一步加剧。这一基本国情决定我们要多措并举，要像保护大熊猫一样保护耕地。开展第三次全国土地调查，全面掌握全国耕地的数量、质量、分布和构成，是实施耕地质量提升、土地整治建设高标准农田，合理安排生态退耕和轮作休耕，严守18亿亩耕地红线的根本前提；是确保永久基本农田"划足、划优、划实"，实现"落地块、明责任、设标志、建表册、入图库"的重要基础，是促进耕地数量、质量、生态"三位一体"保护，确保国家粮食安全的重要支撑；是全面实施"藏粮于地"战略，加强耕地建设性保护、激励性保护和管控性保护，建立健全耕地保护长效机制的根本保障。

（3）实现节约集约利用国土资源

我国人多地少，当前工业化、城镇化正处于快速发展阶段，国民经济也处于中高速发展时期，建设地供需矛盾十分突出。牢固树立和贯彻落实创新、协调、绿色、开放、共享的新发展理念，大力促进节约集约用地，走出一条建设占地少、利用效率高的、符合我国国情的土地利用新路子，是关系民族生存根基和国家长远利益的大计。开展第三次全国土地调查，全面查清城镇、工矿、农村及开发区等内部各类建设用地状况，是全面评价土地利用潜力，精准实施差别化用地政策，开展土地存量挖潜和综合整治，贯彻"严控增量、盘活存量、放活流量"建设用地管控方针的基本前提；是落实最严格的节约用地制度，科学规划土地、合理利用土地、优化用地结构、提高用地效率，实现建设用地总量和强度双控的重要依据。

（4）维护群众权益

保护产权是坚持社会主义基本经济制度的必然要求。土地和矿产是人民群众和企业的重要财产权益。自然资源领域重大改革、征地拆迁补偿、保障性住房用地保障、农村宅基地管理、土地整治、矿产勘查开发、地质灾害防治、执法督察等工作，均与人民群众和企业利益息息相关。开展第三次全国土地调查，查清土地权属状况，巩固并完善现有各类不动产确权登记成果，是有效保护人民群众合法权益和企业利益，及时调处各类土地权属争议，积极显化农村集体和农民土地资产，维护社会和谐稳定的重要基础。

（5）重塑人与自然和谐发展新格局

土地是生态文明建设的空间载体，山水林田湖草是一个生命共同体。党的十八大报告将生态文明建设纳入中国特色社会主义事业"五位一体"总体布局，生态文明体制改革正协同整体推进，自然资源统一确权登记试点已全面铺开。开展第三次全国土地调查，掌握耕地、水流、森林、山岭、草原、荒地、滩涂等各类自然资源范围内土地利用状况，是贯彻落实中央生态文明体制改革战略，夯实自然资源调查基础和推进自然资源统一确权登记的重要措施。

1.1.2 广东省"三调"的背景

2017 年 12 月 4 日，广东省政府出台《广东省人民政府转发国务院关于开展第三次全国土地调查的通知》（粤府〔2017〕127 号），积极响应国务院"三调"工作安排，成立以许瑞生副省长为组长的广东省第三次全国土地调查领导小组，领导全省开展"三调"行动。开展第三次全国土地调查是查清查实省情省力的重要基础性工作，省政府要求各地、各有关部门要高度重视，严格按照国发〔2017〕48号文的安排和要求扎实落实调查工作，依照求真归真、客观准确、自上而下、统一标准、省级主导、分级负责、整合资源、全面调查的工作原则，有序推进"三调"各项工作。领导小组负责领导和协调解决调查工作中的重大问题。

相较于第二次全国土地调查和年度土地变更调查，"三调"是对"已有内容的细化、变化内容的更新、新增内容的补充"。各地严格按照《土地利用现状分类》和《第三次全国国土调查工作分类》，实地认定地类，确保地类不重不漏全覆盖，发挥"三调"在自然资源中的基础性作用。在对存在复合管理需求交叉的耕地、种植地、林地、草地、养殖水面等地类进行利用现状、质量状况和管理属性的多重标注基础上，同步推进相关自然资源专业调查。广东省第三次全国土地调查立足支撑生态文明建设、服务自然资源统一管理，将土地调查调整为国土调查，查清了各类国土资源在空间上的分布和边界。和以往的土地调查相比，在调查内容、技术方法、组织模式等方面都有较大的调整和提升。主要体现在以下四个方面。

一是适应新要求，修订了调查分类，丰富了调查内容。按照山、水、林、田、湖、草系统治理，推进"多规合一"以及机构改革要求，"三调"统一了陆海分界、明晰了林草分类标准、细化了城镇建设用地分类，并将"湿地"列为一级地类。同时，摸清了地类之间的转换变化情况，掌握了耕地"非农化"和"非粮化"情况，还把耕地变为其他农用地的情况，按恢复耕种的难易程度进行了区分和标注。

二是运用新技术，提高了调查数据精度。"三调"在遥感、卫星定位和地理信息系统等常规调查技术基础上，进一步整合了移动互联网、云计算、无人机等新技术，全面采用优于 1 米分辨率的卫星遥感影像，"二调"时主要用的是 2 米分辨率的影像。"三调"将建设用地和设施农用地图斑的最小上图面积标准从"二调"时的 400 平方米提高到 200 平方米，耕地等农用地图斑从 600 平方米提高到 400 平方米，其他地类图斑精度也有相应提升。"三调"查清并汇集的调查图斑数达 2.95 亿个，比"二调"时的 1.45 亿个增加了一倍多。

三是建立新机制，提升了调查工作效能。"三调"建立并全面应用"互联网＋调查"机制，通过全国统一的"国土调查云"平台，实现了外业调查、内业核查、数据建库等工作的上下联动、远程对接和实时印证。外业调查中，同步拍摄实地照片，全面反映地块全貌、利用特征，以及拍摄坐标、方位角和时间等信息，通过云平台实时上传、比对、校核。"三调"通过实地拍照、无人机拍照和高分辨率航空遥感影像举证的图斑有 1.74 亿个，占总数的 60%。"互联网＋调查"机制的应用，有力支撑了调查效能提升，特别是有效地克服了新冠肺炎疫情带来的外业核查困难。

四是坚持全程质量管控，强化督察制衡，确保调查数据真实准确。"三调"执行分阶段和分层级质量检查验收制度，每一阶段成果检查合格后才能转入下一阶段，只有检查合格的数据才能建库逐级汇交。同时，我们坚持"刀刃向内"，组织自然资源督察机构在县级初始调查、初始调查国家级核查、初始调查国家级复核和统一时点更新调查 4 个关键节点，开展了 4 轮专项督察，先后覆盖了 394 个县级调查单元。第一轮督察在初始调查过程中开展，无法计算差错率，后三轮督察发现的差错率分别是 0.73%、0.34% 和 0.11%，呈逐次降低的态势。可以说，专项督察在保证成果质量方面发挥了重要的制衡作用。

5

1.1.3 广东省"三调"的目标任务

全面查清我省陆地国土的土地利用状况和土地权属状况，建立各级土地调查数据库，并实现调查成果的信息化管理和互联共享。主要任务包括以下几项。

（1）土地利用现状调查

其包括农村土地利用现状调查和城市、建制镇、村庄（以下简称城镇村庄）内部土地利用现状调查。

农村土地利用现状调查是以县（市、区）为基本单位，以国家统一下发的调查底图为基础，按照统一的土地调查技术标准并充分衔接林地变更调查成果，实地调查每块图斑的地类、位置、范围、面积等利用状况，查清全省耕地、园地、林地、草地等农用地的数量、分布及质量状况，查清城市、建制镇、村庄、独立工矿、交通运输、水域及水利设施用地等各类土地的分布和利用现状。城镇村庄内部土地利用现状调查充分利用高分辨率正射影像图、大比例尺地形图、地籍调查、地理国情普查和不动产登记等成果，对城市、建制镇、村庄内的土地利用现状开展细化调查，查清城镇村庄内部商服、工业、仓储、住宅、公共管理与公共服务和特殊用地等地类的土地利用状况。

（2）土地权属调查

结合全国农村集体资产清产核资工作，将城镇国有建设用地范围外已完成的集体土地所有权确权登记和国有土地使用权登记成果落实在土地调查成果中，对发生变化的土地开展补充调查。

（3）专项用地调查与评价

基于土地利用现状、土地权属调查成果和国土资源管理形成的各类管理信息，结合国土资源精细化管理、节约集约用地评价及相关专项工作的需要，开展系列专项用地调查评价，主要包括耕地细化调查、批准未建设的建设用地调查、耕地质量等级调查评价和耕地分等定级调查评价。

耕地细化调查是重点对河道范围内的耕地开展细化调查，分类标注，摸清各类耕地资源家底状况，夯实耕地数量、质量、生态"三位一体"保护的基础。批准未建设的建设用地调查是将新增建设用地审批界线落实在土地调查成果上，查清批准用地范围内未建设土地的实际利用状况，为持续开展批后监管，促进土地节约集约利用提供基础。耕地质量等级调查评价和耕地分等定级调查评价则是在耕地质量调查和评价的基础上，将最新的耕地质量等级调查评价和耕地分等定级评价成果落实到土地利用现状图上，对评价成果进行更新完善。

（4）各级土地利用数据库建设

其中包括建立各级土地调查及专项数据库和建立各级土地调查数据及专项调查数据分析与共享服务平台。

依据国家编制的数据库标准及建库规范建立各级土地调查及专项数据库，以县（市、区）为单位核实完善省级预判信息，并以此组织开展县级土地调查数据库、耕地细化调查专项数据库、建设用地专项数据库、耕地质量等级和耕地分等定级专项数据库建设及其数据库管理系统，实现对城镇和农村土地利用现状调查成果、权属调查成果和专项调查成果的综合管理。以县级各类数据库成果为基础，建设省、市级土地调查数据库、专项调查数据库及其管理系统，实现土地调查成果和专项调查成果的集成管理、动态入库、综合查询、统计汇总、数据分析、快速服务等功能。各级土地调查数据及专项调查数据分析与共享服务平台则是基于三级土地调查与专项调查数据库建立的，建设从县（市、区）到省的土地调查数据综合分析与服务平台，实现土地调查数据、专项调查数据与土地规划、基础测绘等各类基础数据的互联互通和综合分析应用，结合自然资源管理和国土资源管理需要，开发相关应用分析功能，提高第三次全国土地调查成果对管理决策的支撑服务能力。

（5）成果汇总

主要成果将包含数据成果、图件成果、文字成果以及数据库成果。其中，数据成果包含各级土地分类面积数据、土地权属信息数据、耕地坡度分级面积数据、批准未建设的建设用地、耕地质量等级等；图件成果包含各级土地利用现状图件、土地权属界线图件、第三次全国土地调查图集等；文字成果包含第三次全国土地调查工作报告、技术报告、成果分析报告、各类专项调查成果报告等；数据库成果包含集各类成果为一体的各级土地调查数据库、数据库管理系统及共享应用平台等。

广东省第三次全国国土调查围绕第三次全国土地调查的目标任务，以国家下发的正射影像图为基础，以"细化已有内容、更新变化内容、增加缺少内容、修正错误内容"为原则，以省级内业预判、地方外业调查核实为主要工作模式，以"互联网+"和内外业一体化技术（图1.2）为支撑，全面查实查清我省土地利用基础数据。

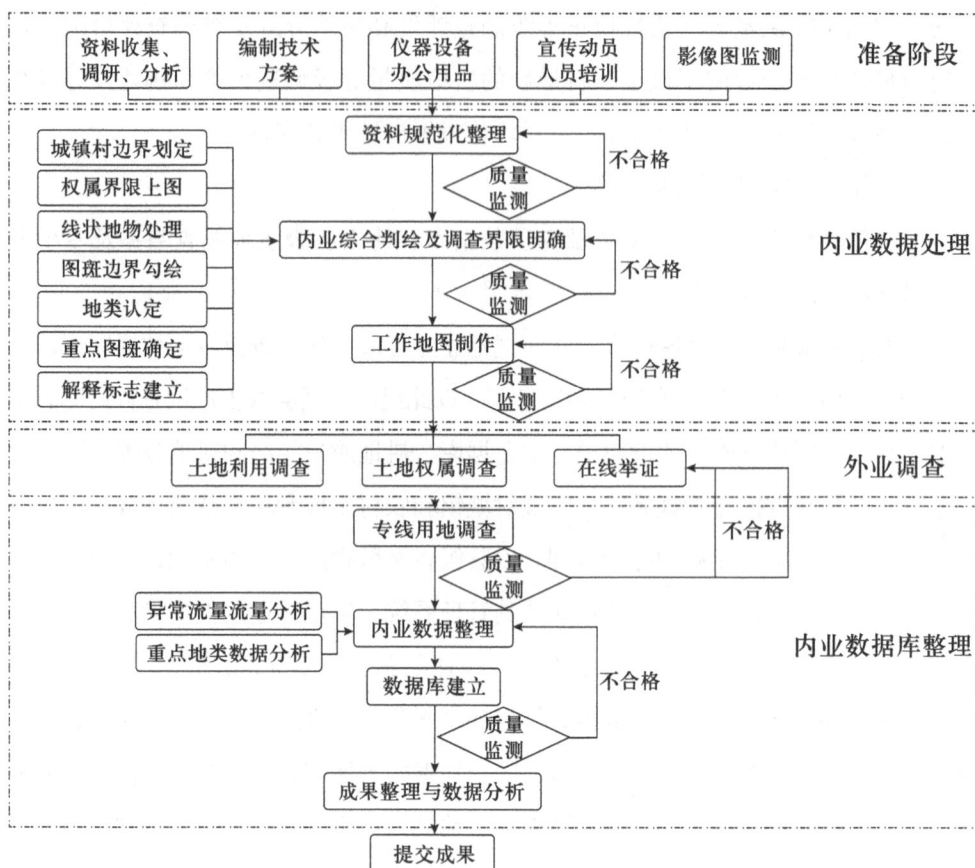

图 1.2 第三次全国国土调查技术路线图

1.1.4 广东省"三调"的进展

依照《广东省第三次全国土地调查总体方案》，省"三调"工作进度安排如下。

2017 年第四季度全面部署开展第三次全国土地调查的有关准备工作，完成经费预算编报、成立领导小组、转发《国务院关于开展第三次全国土地调查的通知》等工作，同步启动调查方法相关专题研究。

2017 年 10 月至 2018 年 6 月完成省总体方案、实施方案、专题研究、技术实施细则和验收办法编制及全省工作部署、技术政策培训、动员宣传等工作，如图 1.3、图 1.4 所示。

图 1.3 广东省第三次全国土地调查宣传片（来源：广东省自然资源厅）

图 1.4 广东省第三次全国国土调查初始数据库生产现场（来源：广东省自然资源厅）

2018 年 1 月至 2019 年 5 月完成初始库建设并下发，组织开展实地调查，建设各级土地调查数据库，完成县级调查成果省级全面检查，整理上报省级调查成果，如图 1.5 所示。

图 1.5 广东省第三次全国土地调查培训班现场（来源：广东省自然资源厅）

2019 年下半年配合完成国家级内业核查、数据库质量检查、互联网在线核查、外业抽查、数据库修改以及数据库入库工作；组织开展 2019 年度土地变更调查工作，将数据统一到 12 月 31 日调查标准时点，如图 1.6 所示。

图 1.6　广东省第三次全国国土调查复核整改工作培训现场（来源：广东省自然资源厅）

2020 年完成统一时点数据汇总，形成第三次全国土地调查成果；完成第三次全国土地调查地方调查成果验收、数据分析、成果整理、成果发布、总结表彰等工作，如图 1.7 所示。

图 1.7　广东省第三次全国国土调查统一时点更新省级技术培训会现场（来源：广东省自然资源厅）

广东省第三次全国国土调查具体工作时间推进如图 1.8 所示。

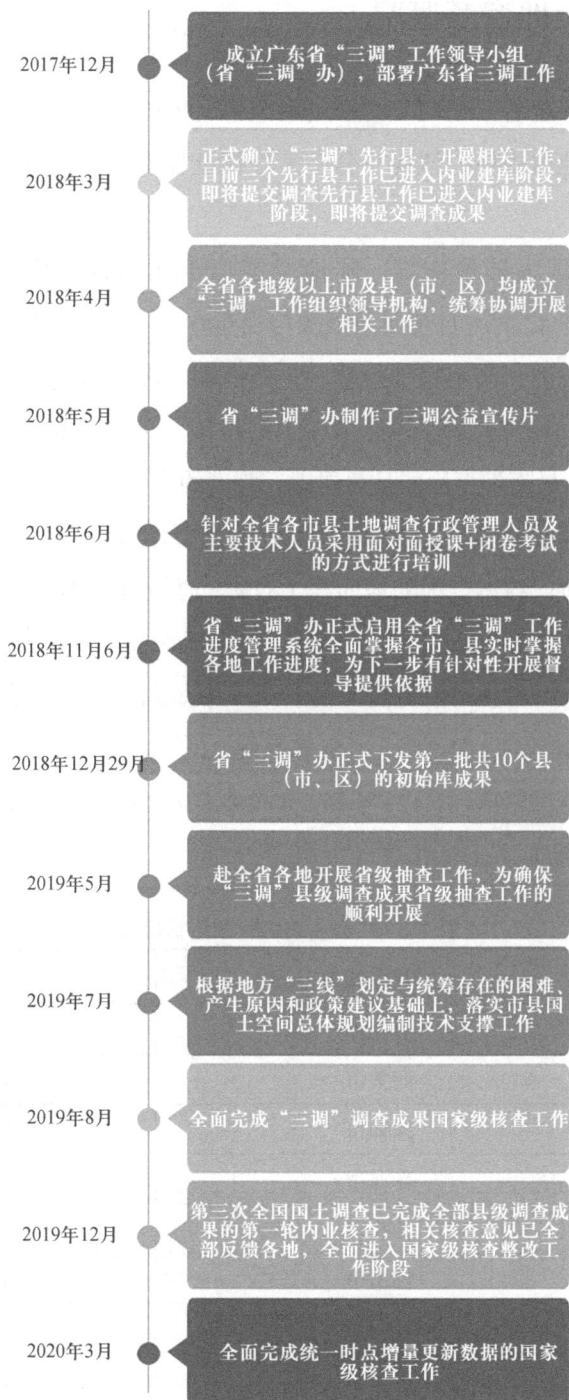

时间	内容
2017年12月	成立广东省"三调"工作领导小组（省"三调"办），部署广东省三调工作
2018年3月	正式确立"三调"先行县，开展相关工作，目前三个先行县工作已进入内业建库阶段，即将提交调查先行县工作已进入内业建库阶段，即将提交调查成果
2018年4月	全省各地级以上市及县（市、区）均成立"三调"工作组织领导机构，统筹协调开展相关工作
2018年5月	省"三调"办制作了三调公益宣传片
2018年6月	针对全省各市县土地调查行政管理人员及主要技术人员采用面对面授课+闭卷考试的方式进行培训
2018年11月6月	省"三调"办正式启用全省"三调"工作进度管理系统全面掌握各市、县实时掌握各地工作进度，为下一步有针对性开展督导提供依据
2018年12月29月	省"三调"办正式下发第一批共10个县（市、区）的初始库成果
2019年5月	赴全省各地开展省级抽查工作，为确保"三调"县级调查成果省级抽查工作的顺利开展
2019年7月	根据地方"三线"划定与统筹存在的困难、产生原因和政策建议基础上，落实市县国土空间总体规划编制技术支撑工作
2019年8月	全面完成"三调"调查成果国家级核查工作
2019年12月	第三次全国国土调查已完成全部县级调查成果的第一轮内业核查，相关核查意见已全部反馈各地，全面进入国家级核查整改工作阶段
2020年3月	全面完成统一时点增量更新数据的国家级核查工作

图 1.8　广东省第三次全国国土调查进展时序图

1.2 广东省土地资源概况

本节内容基于全省"三调"国家更新成果，依据"三调"工作土地利用分类标准，汇总主要地类规模、结构与分布，分析全省土地利用现状特征，掌握全省土地资源概况。

广东地处祖国大陆最南部，陆地范围位于北纬20° 09′ ~25° 31′，东经109° 45′ ~117° 20′之间。自东向西依次与福建省、江西省、湖南省、广西壮族自治区接壤；毗邻香港、澳门特别行政区；西南端隔琼州海峡与海南省相望。陆地最东端至饶平县大埕镇，最西端至廉江市高桥镇，东西跨度约800千米。最北端至乐昌市白石镇，最南端至徐闻县角尾镇，跨度约为600千米。

广东省土地面积广袤，根据2018年土地变更调查统计数据，全省土地总面积1 797.25万公顷，约占全国陆地面积1.87%。海域面积42万平方千米，是陆域面积的2.3倍。大陆海岸线长4 114千米，居全国首位。有海岛1 963个，总面积1 513.17平方千米，在全国沿海省（区、市）中位列第二，仅次于浙江省。行政区划上，截至2018年12月31日，全省下辖21个地级市，20县级市、34个县、3个自治县、65个市辖区、1 123个镇、4个乡、7个民族乡、467个街道办事处，如表1.1、表1.2所列。

表1.1 广东省市级行政区情况表

序号	行政区名称	行政编码
1	广州市	440100
2	韶关市	440200
3	深圳市	440300
4	珠海市	440400
5	汕头市	440500
6	佛山市	440600
7	江门市	440700
8	湛江市	440800
9	茂名市	440900

续表 1.1

序号	行政区名称	行政编码
10	肇庆市	441200
11	惠州市	441300
12	梅州市	441400
13	汕尾市	441500
14	河源市	441600
15	阳江市	441700
16	清远市	441800
17	东莞市	445103
18	中山市	445122
19	潮州市	445100
20	揭阳市	445200
21	云浮市	445300

表 1.2 广东省行政区划一览表

市	县（市、区）	辖镇、乡、民族乡、街道数
广州市 （11 区）	越秀区、海珠区、荔湾区、天河区、白云区、黄埔区、花都区、番禺区、南沙区、从化区、增城区	34 镇 142 街道
深圳市 （9 区）	福田区、罗湖区、盐田区、南山区、宝安区、龙岗区、龙华区、坪山区、光明区	74 街道
珠海市 （3 区）	香洲区、金湾区、斗门区	15 镇 10 街道
汕头市 （6 区 1 县）	金平区、龙湖区、澄海区、濠江区、潮阳区、潮南区、南澳县	30 镇 37 街道
佛山市 （5 区）	禅城区、南海区、顺德区、高明区、三水区	21 镇 11 街道
韶关市 （3 区 4 县 1 自治县 2 县级市）	浈江区、武江区、曲江区、乐昌市、南雄市、仁化县、始兴县、翁源县、新丰县、乳源瑶族自治县	94 镇 10 街道 1 民族乡
河源市 （1 区 5 县）	源城区、东源县、和平县、龙川县、紫金县、连平县	94 镇 6 街道 1 民族乡

市	县（市、区）	辖镇、乡、民族乡、街道数
梅州市 （2 区 5 县 1 县级市）	梅江区、梅县区、兴宁市、平远县、蕉岭县、大埔县、丰顺县、五华县	104 镇 6 街道
惠州市 （2 区 3 县）	惠城区、惠阳区、惠东县、博罗县、龙门县	48 镇 22 街道 1 民族乡
汕尾市 （1 区 2 县 1 县级市）	城区、陆丰市、海丰县、陆河县	40 镇 14 街道
东莞市	—	28 镇 4 街道
中山市	—	18 镇 6 街道
江门市 （3 区 4 县级市）	蓬江区、江海区、新会区、台山市、开平市、鹤山市、恩平市	61 镇 12 街道
阳江市 （2 区 1 县 1 县级市）	江城区、阳东区、阳春市、阳西县	38 镇 10 街道
湛江市 （4 区 2 县 3 县级市）	赤坎区、霞山区、麻章区、坡头区、雷州市、廉江市、吴川市、遂溪县、徐闻县	82 镇 37 街道 2 乡
茂名市 （2 区 3 县级市）	茂南区、电白区、信宜市、高州市、化州市	86 镇 25 街道
肇庆市 （3 区 4 县 1 县级市）	端州区、鼎湖区、高要区、四会市、广宁县、德庆县、封开县、怀集县	87 镇 16 街道 1 民族乡
清远市 （2 区 2 县 2 自治县 2 县级市）	清城区、清新区、英德市、连州市、佛冈县、阳山县、连山壮族瑶族自治县、连南瑶族自治县	77 镇 5 街道 3 民族乡
潮州市 （2 区 1 县）	湘桥区、潮安县、饶平县	41 镇 9 街道
揭阳市 （2 区 2 县 1 县级市）	榕城区、揭东区、普宁市、揭西县、惠来县	63 镇 20 街道 2 乡
云浮市 （2 区 2 县 1 县级市）	云城区、云安区、罗定市、新兴县、郁南县	55 镇 8 街道
广东岛屿 （2 个）	未定权属岛屿县、其他岛屿	—
全省合计	21 个地级以上市，65 个市辖区，20 县级市、34 个县、3 个自治县（共 124 个县市行政区划），1 116 个镇、11 个乡（其中 7 个民族乡）、484 个街道办事处（共 1 611 个乡镇级行政区划），2 个岛屿	

1.2.1 土地利用总体情况

土地利用是指人类根据土地的自然特点，按一定的经济、社会目的，采取一系列生物、技术手段，对土地进行长期性或周期性的经营管理和治理改造。一个国家国民经济各部门的生产建设都要落实到土地上，土地利用的广度、深度和合理程度是它的生产规模、水平和特点的集中反映。本文通过对广东省的规模结构、空间分布和总体特征对广东省的土地利用总体情况进行说明。

1.2.1.1 规模结构

根据国家下发的"三调"工作更新数据统计，按三大类来看，全省农用地22 792.21 万亩，占总面积 84.52%；建设用地 3 038.06 万亩，占总面积 11.27%；未利用地 1 135.89 万亩，占总面积 4.21%。三类用地比例约为 20.07 ∶ 2.67 ∶ 1，如图 1.9 所示。

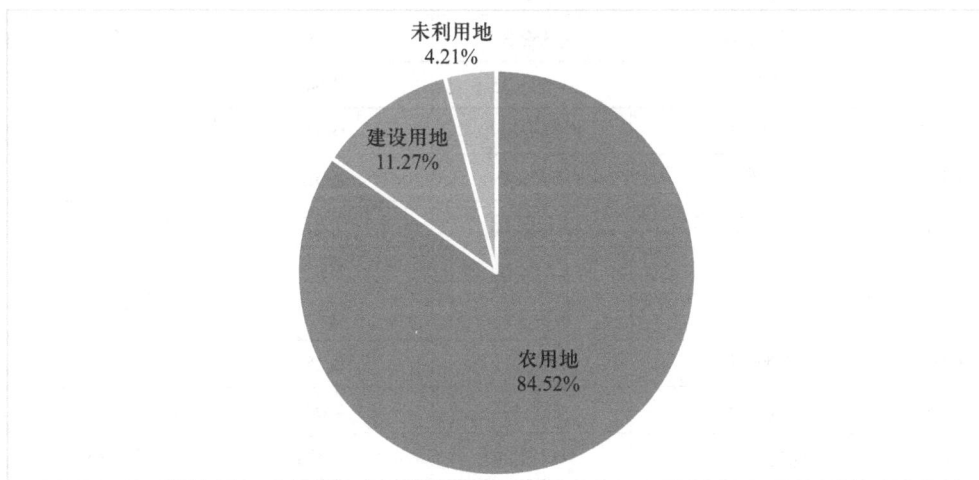

图 1.9 广东省土地利用总体规模结构图

根据国家第三次全国土地调查地类分类表，所有地类可以划分为三大类，一级类和二级类。其中耕地面积合计 2 852.87 万亩，占全省土地总面积 10.58%，全省人均耕地面积 0.25 亩（本章所指"人均"指标均采用广东省统计年鉴披露的2019 年全省人口数，即 11 520.59 万人）；建设用地面积合计 3 038.06 万亩，占全省土地总面积 11.27%，全省人均建设用地面积 0.26 亩，如表 1.3 所列。

表 1.3　广东省土地利用现状一级、二级类型规模结构统计表

编码	土地利用类型	合计 / 万亩	比例 /%	
			占总面积	占一级类面积
	全市土地总面积	26 966.15	100.00	100
	湿地小计	268.40	1.00	100.00
0303	红树林地	15.96	0.06	5.94
0304	森林沼泽	0.27	0.00	0.10
0306	灌丛沼泽	0.20	0.00	0.07
0402	沼泽草地	0.18	0.00	0.07
0603	盐田	0.00	0.00	0.00
1105	沿海滩涂	223.54	0.83	83.29
1106	内陆滩涂	28.02	0.10	10.44
1108	沼泽地	0.24	0.00	0.09
01	耕地小计	2 852.87	10.58	100.00
0101	水田	2 061.25	7.64	72.25
0102	水浇地	245.94	0.91	8.62
0103	旱地	545.68	2.02	19.13
02	种植园用地小计	1 987.13	7.37	100.00
0201	果园	1 568.09	5.82	78.91
0202	茶园	70.35	0.26	3.54
0203	橡胶园	68.28	0.25	3.44
0204	其他园地	280.41	1.04	14.11
03	林地小计	16 188.80	60.03	100.00
0301	乔木林地	14 607.87	54.17	90.23
0302	竹林地	798.89	2.96	4.93
0305	灌木林地	210.55	0.78	1.30
0307	其他林地	571.48	2.12	3.53
04	草地小计	357.65	1.33	100.00
0401	天然牧草地	0.05	0.00	0.01
0403	人工牧草地	0.55	0.00	0.15
0404	其他草地	357.05	1.32	99.83

续表 1.3

编码	土地利用类型	合计/万亩	比例/%	
			占总面积	占一级类面积
20	城镇村及工矿用地	2 645.74	9.81	100.00
201	城市	676.69	2.51	25.58
202	建制镇	670.86	2.49	25.36
203	村庄	1 211.85	4.49	45.80
204	采矿用地	61.24	0.23	2.31
205	风景名胜及特殊用地	25.11	0.09	0.95
10	交通运输用地小计	346.27	1.28	100.00
1001	铁路用地	22.55	0.08	6.51
1002	轨道交通用地	3.28	0.01	0.95
1003	公路用地	301.98	1.12	87.21
1004	城镇村道路用地	0.00	0.00	0.00
1005	交通服务场站用地	0.00	0.00	0.00
1007	机场用地	7.28	0.03	2.10
1008	港口码头用地	10.65	0.04	3.08
1009	管道运输用地	0.54	0.00	0.16
11	水域小计	1 967.41	7.30	100.00
1101	河流水面	499.90	1.85	25.41
1102	湖泊水面	2.11	0.01	0.11
1103	水库水面	294.98	1.09	14.99
1104	坑塘水面	1 024.42	3.80	52.07
1107	沟渠	146.01	0.54	7.42
1110	冰川及永久积雪	0.00	0.00	0.00
	水工建筑用地小计	46.04	0.17	100.00
1109	水工建筑用地	46.04	0.17	100.00
12	其他土地小计	305.83	1.13	100.00
1006	农村道路	144.76	0.54	47.33
1201	空闲地	0.00	0.00	0.00
1202	设施农用地	74.58	0.28	24.39
1203	田坎	61.46	0.23	20.10
1204	盐碱地	0.14	0.00	0.05

续表 1.3

编码	土地利用类型	合计 / 万亩	比例 /%	
			占总面积	占一级类面积
1205	沙地	0.22	0.00	0.07
1206	裸土地	15.33	0.06	5.01
1207	裸岩石砾地	9.34	0.03	3.05

1.2.1.2 空间分布

（1）行政区划

依据国家下发的"三调"工作更新成果，全省土地面积为 26 966.15 万亩，其中清远市面积最大，占全省土地面积 10.59%；珠海市面积最小，占全省土地面积 0.96%。按三大类来看，农用地面积最大的市为清远市，占全省农用地总面积比重高达 11.49%，深圳市农用地面积最小，面积仅为 130.98 万亩，仅占全省农用地 0.57%；建设用地面积最大的市为广州市，为 282.37 万亩，占全省建设用地面积 9.29%，汕尾市建设用地面积最小，面积仅为 61.10 万亩，仅占全省建设用地 2.01%；未利用地面积最大的市为湛江市，面积达到了 189.54 万亩，占全省未利用地总面积的 16.69%，深圳市未利用地面积最小，仅有 13.47 万亩，仅占全省未利用地 1.19%，如表 1.4 所列。

表 1.4 各市三大类面积统计表

万亩

序号	行政区名称	国土调查总面积	农用地	建设用地	未利用地
	广东省	26 966.15	22 792.21	3 038.06	1 135.89
1	广州市	1 085.77	737.93	282.37	65.48
2	韶关市	2 761.90	2 578.24	125.69	57.97
3	深圳市	297.96	130.98	153.51	13.47
4	珠海市	258.75	154.58	65.01	39.16
5	汕头市	330.63	204.95	95.04	30.63
6	佛山市	569.67	287.40	227.08	55.19
7	江门市	1 430.28	1 186.73	158.85	84.69
8	湛江市	1 989.56	1 560.05	239.97	189.54
9	茂名市	1 717.69	1 469.17	200.44	48.07

序号	行政区名称	国土调查总面积	农用地	建设用地	未利用地
10	肇庆市	2 233.71	2 027.57	145.72	60.43
11	惠州市	1 702.55	1 458.56	182.06	61.94
12	梅州市	2 379.68	2 169.56	160.96	49.15
13	汕尾市	729.75	627.85	61.10	40.80
14	河源市	2 348.04	2 183.08	113.73	51.22
15	阳江市	1 195.02	1 044.41	94.46	56.15
16	清远市	2 855.32	2 618.63	158.31	78.38
17	东莞市	369.06	137.48	197.50	34.07
18	中山市	267.15	133.21	101.82	32.12
19	潮州市	473.98	386.29	64.36	23.32
20	揭阳市	789.91	638.20	119.65	32.06
21	云浮市	1 167.77	1 056.97	90.43	20.38
22	岛屿	11.99	0.33	0.00	11.65

（2）空间分布

全省地域空间可分成四大土地利用分区，分别是珠三角平原区、粤东沿海区、粤西北山区、粤西沿海区。珠三角平原区主要包含广州市、深圳市、珠海市、佛山市、江门市、肇庆市、惠州市、东莞市、中山市共9个地级市；粤东沿海区主要包含汕头市、汕尾市、潮州市、揭阳市共4个地级市；粤西沿海区主要包含湛江市、茂名市、阳江市共3个地级市；粤西北山区主要包含韶关市、梅州市、河源市、清远市、云浮市共5个地级市。从四大土地利用分区来看，全省农用地主要集中在粤西北山区，占比高达46.54%，粤东沿海区农用地面积最少，仅占8.15%；全省建设用地集中分布在经济发展水平较高的珠三角平原区，共计1 513.91万亩，占全省建设用地总面积的五成左右，而粤东沿海区建设用地面积最少，仅占全省建设用地总面积的11.20%；全省未利用地占比较高的地区为珠三角平原区，占比达四成，而粤东沿海区未利用地面积仅126.82万亩，占比最低，为11.16%，如表1.5所列。

从空间分布来看，全省耕地主要分布于粤西沿海区，且耕地呈连片分布特征，粤西北山区也有较多分布，但空间上呈分散分布状态；全省建设用地明显集中分布在珠三角平原区，该区域广州市、东莞市、深圳市、佛山市存在大量建设用地，粤东沿海区的潮州、汕头、揭阳三市也有相对明显的建设用地集聚分布特征，其他方位建设用地均较为分散，规模不明显；林地分布广泛，除珠三角平原区外，各市均有大量连片分布的林地资源；水体大量分布于珠三角平原区，西南部雷州湾水域、东部韩江流域以及中东部新丰江水库也有明显水体分布；种植园用地显著分布于粤西沿海区的茂名市，其他片区种植园用地分布数量少且较分散。

表 1.5　各土地利用分区三大类面积统计表

土地利用分区	农用地		建设用地		未利用地	
	面积 / 万亩	全省占比 /%	面积 / 万亩	全省占比 /%	面积 / 万亩	全省占比 /%
珠三角平原区	6 254.43	27.44	1 513.91	49.83	446.56	39.31
粤东沿海区	1 857.31	8.15	340.15	11.20	126.82	11.16
粤西沿海区	4 073.64	17.87	534.87	17.61	293.75	25.86
粤西北山区	10 606.49	46.54	649.12	21.37	257.10	22.63
广东省	22 792.21	100.00	3 038.06	100.00	1 135.89	100.00

1.2.1.3　土地利用总体特征

通过以上"三调"数据统计分析，全省土地利用总体现状主要呈现以下几个特征。

（1）农用地占比高，林地分布广泛

三大类中农用地占比高达 84.52%，其中林地面积占农用地面积的 71.03%，空间上分布广泛，资源丰富；耕地和种植园用地主要分布在西南方位粤西沿海区的湛江、茂名市，连片性好，但其他方位分布较分散。

（2）建设用地规模大，集中于珠三角平原区

全省建设用地面积高达 3 038.06 万亩，占全省土地总面积比重 11.27%，且主要集中分布在广州、东莞、深圳、佛山等珠三角平原区主要城市，4 市囊括全省三成建设用地，其他市建设用地分布较分散。

（3）未利用地总量少，分布较分散

全省未利用地总量仅占总面积 4.21%，未来开发空间有限。空间上未利用地图斑分布较为分散。

（4）各类用地经济效益高

全省已利用土地平均每万亩土地生产 4.17 亿元的 GDP，已利用土地地均 GDP 超过每万亩 10 亿元的有 6 个地级市；全省平均每万亩建设用地产生 34 亿元的二、三产业产值，建设用地地均二、三产业产值超过 40 亿元每万亩的有 5 个地级市；全省平均每万亩农用地贡献 0.19 亿元的第一产业产值，农用地地均第一产业产值超过 0.3 亿元每万亩的有 7 个地级市。

（5）权属类型以集体用地为主

全省国有用地与集体用地结构比例约为 1 ∶ 4.42，其中农用地和建设用地均是以集体用地为主，而未利用地则以国有用地为主。

1.2.2　典型地类土地利用现状

新时代生态文明建设背景下，国家对美丽国土空间格局的开发、保护、建设提出了新的要求，围绕耕地保护、城市扩张和生态保护三者的协调平衡，本节选取耕地、建设用地以及生态用地作为广东省土地利用中的重点地类，并对重点地类的现状情况进行描述。

1.2.2.1　耕地利用现状

耕地是保障粮食安全的重要基础，摸清耕地利用现状是保护耕地、推进可持续发展的重要先决条件。按照"三调"用地分类标准，耕地可分为水田、旱地、水浇地三个二级类。水田指用于种植水稻、莲藕等水生农作物的耕地，包括实行水生、旱生农作物轮种的耕地，水田数量是农业生产条件改善的重要指标；旱地指无灌溉设施，主要靠天然降水种植旱生农作物的耕地，包括没有灌溉设施，仅靠引洪淤灌的耕地；水浇地指有水源保证和灌溉设施，在一般年景能正常灌溉，种植旱生农作物（含蔬菜）的耕地，包括种植蔬菜的非工厂化的大棚用地。

（1）耕地规模结构

根据"三调"数据统计，全省耕地总面积为 2 852.87 万亩，占全省土地面积的 10.58%，人均耕地面积为 0.25 万亩。其中水田面积较多，为 2 061.25 万亩，水浇地 245.94 万亩，旱地 545.68 万亩，如图 1.10 所示。

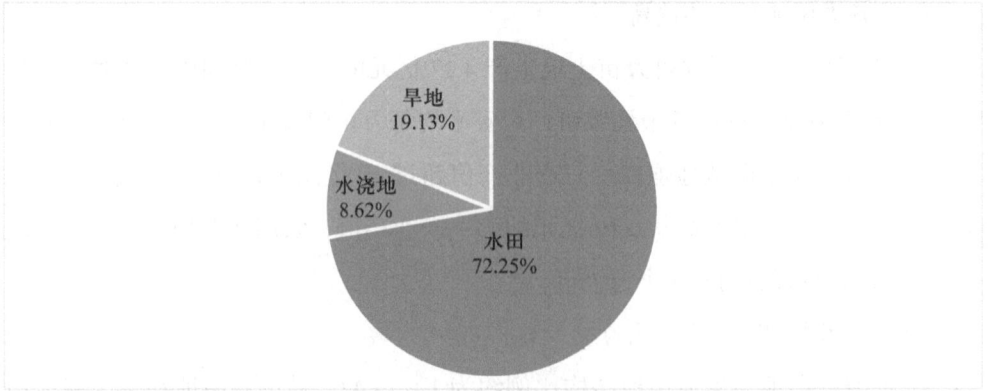

图 1.10 全省耕地结构图

（2）耕地空间分布

1）行政区划

从行政区划来看，湛江市耕地面积最大，为 619.45 万亩，占全省耕地面积 21.71%；清远市次之，为 263.42 万亩，占全省耕地面积 9.23%；珠海市和深圳市耕地面积最少，分别为 9.84 万亩和 4.27 万亩，占全省耕地面积分别为 0.34% 和 0.15%。此外，人均耕地决定行政区内耕地资源数量丰缺，全省人均耕地面积仅为 0.25 亩，其中湛江市人均耕地面积为 0.84 亩，处于全省最高水平，其次是韶关市，人均耕地面积为 0.80 亩。揭阳、潮州、汕头、广州、珠海、佛山、中山、东莞以及深圳等城市，人均耕地面积均低于全省平均水平，具体数据如图 1.11、图 1.12 所示。

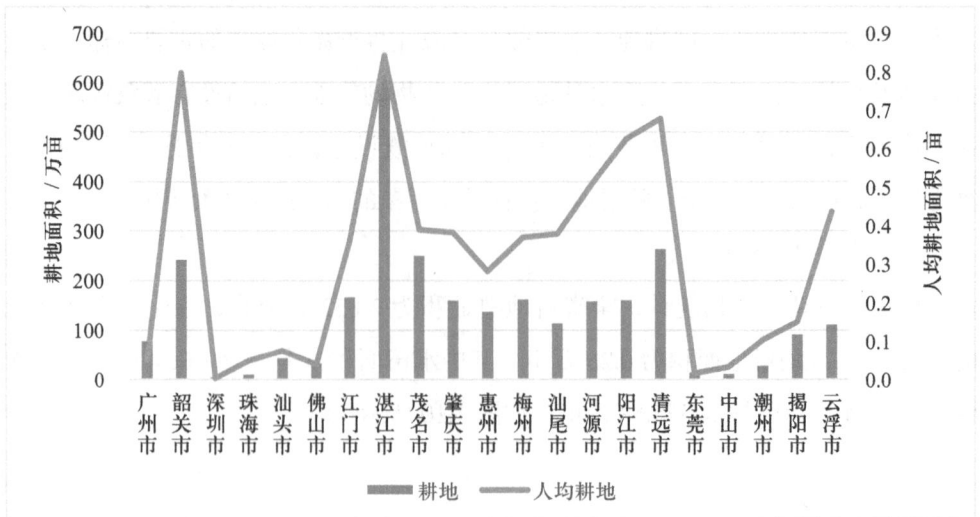

图 1.11 各市耕地面积、人均耕地面积统计图

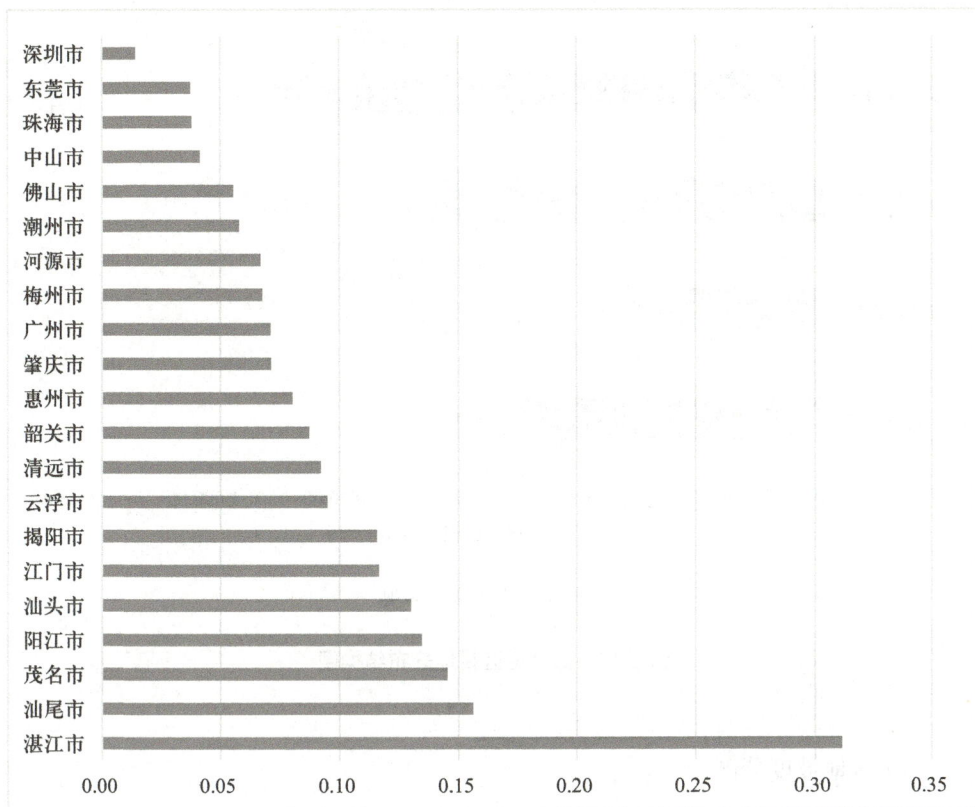

图 1.12 各市耕地分布密度统计图

2）空间分布

从地理分布方位来看，广东省耕地分布呈现明显分层特征，由北至南呈现"多—少—多"的格局。全省耕地资源主要分布在粤西沿海区，耕地面积总计 1 029.63 万亩。其次是粤西北山区，耕地面积为 935.68 万亩。珠三角平原区的耕地面积为 611.77 万亩。粤东沿海区的耕地面积在四大区中最少，为 275.79 万亩。从耕地的二级类结构来看，四大区的耕地均以水田为主。具体来看，粤西北山区的肇庆、清远、韶关、河源、梅州等市，以及粤西沿海区的湛江、茂名、阳江与珠三角平原区的江门等市耕地面积较大，中部其他城市耕地面积整体偏小。全省耕地分布密度为 10.58%，其中粤西沿海区的湛江市耕地分布密度最大，达到 31.13%，汕尾市次之，为 15.61%；深圳市分布密度仅为 1.43%，耕地面积占比极少，如图 1.13 所示。

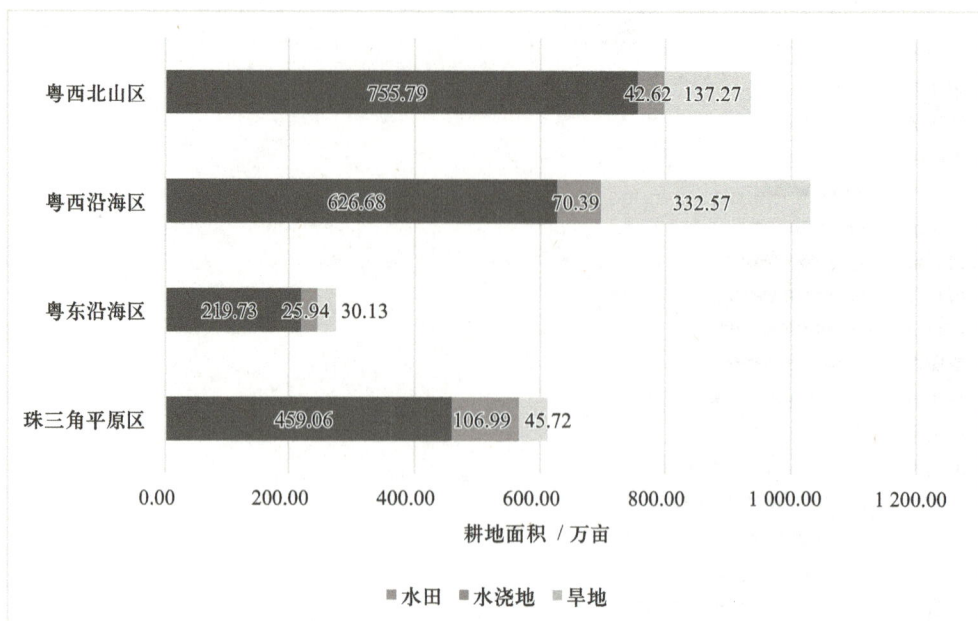

图 1.13　四大分区耕地分布结构图

（3）耕地坡度分区

坡度状况可以衡量耕地的利用和生产能力，统计不同坡度耕地数量情况有助于摸清全省耕地利用水平。依照"三调"技术规范，坡度 ≤ 2° 的情况视为坡度等级一级，坡度在 2° ~ 6° 之间为二级，坡度在 6° ~ 15° 之间为三级，坡度在 15° ~ 25° 之间为四级，坡度在 ≥ 25° 则为五级。通常一级坡度的耕地以平地为主，二级、三级、四级、五级的坡度中，耕地包含梯田与坡地。

全省耕地中坡度为一级的耕地面积共 2 091.97 万亩，占全省耕地面积的73.33%，主要集中分布在湛江市；二级坡度耕地面积为 446.37 万亩，占全省耕地面积的 15.65%，其中包含 368.72 万亩的梯田，主要分布在湛江、清远、韶关等城市；三级坡度耕地面积为 251.99 万亩，占全省耕地面积 8.83%，主要分布在清远、韶关、梅州等城市，且其中耕地类型以梯田为主；四级和五级坡度的耕地面积较少，分别为 40.37 万亩和 22.18 万亩，占全省耕地面积比重分别为 1.41% 和 0.78%，且均已梯田为主，含少量坡地，该等级耕地主要分布在清远、茂名、韶关、梅州等城市，具体数据如表 1.6 所列、图 1.14 所示。

表 1.6 不同坡度耕地面积统计表

统计项 坡度级	平地		梯田		坡地		合计 / 万亩	占比 /%
	面积 / 万亩	占比 /%	面积 / 万亩	占比 /%	面积 / 万亩	占比 /%		
1	2 091.97	100.00	0	0.00	0	0.00	2 091.97	73.33
2	0	0.00	368.72	82.60	77.65	17.40	446.37	15.65
3	0	0.00	229.02	90.89	22.97	9.11	251.99	8.83
4	0	0.00	37.72	93.45	2.64	6.55	40.37	1.41
5	0	0.00	21.34	96.22	0.84	3.78	22.18	0.78
总计	2 091.97	73.33	656.80	23.02	104.10	3.65	2 852.87	100.00

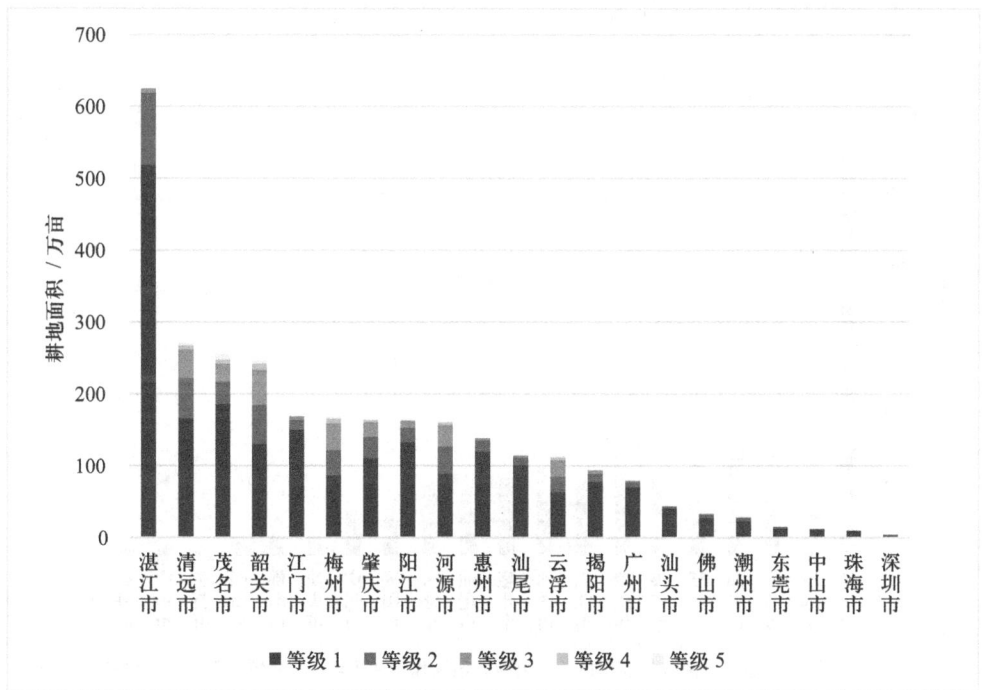

图 1.14 各市耕地坡度等级结构图

（4）耕地种植类型

依照"三调"技术规范，按种植类型这一属性来分类，耕地可分为种植粮食作物、种植非粮作物、粮与非粮轮作、休耕、林粮间作和未耕种这六类。由国家下发的"三调"工作更新成果统计数据来看，全省耕地中以种植粮食作物这一类型为主，占比近五成，主要分布在湛江、清远等城市；随后是种植非粮作物的耕地，占比达 20.11%，湛江市占去较大比重，其他城市普遍较少；粮与非粮轮作的耕地面积主要分布在茂名、汕尾两市；而未耕种的耕地也达到了 18.41%，各市均有一定面积耕地处于未耕种状态，没有进行充分的开发利用，具体数据如表 1.7 所列、图 1.15 所示。

表 1.7　不同种植类型耕地面积统计表

种植类型	种植粮食作物	种植非粮作物	粮与非粮轮作 + 林粮间作	休耕	未耕种	小计
面积 / 万亩	1 414.20	573.64	339.58	0.19	525.26	2 852.87
占比 /%	49.57	20.11	11.90	0.01	18.41	100.00

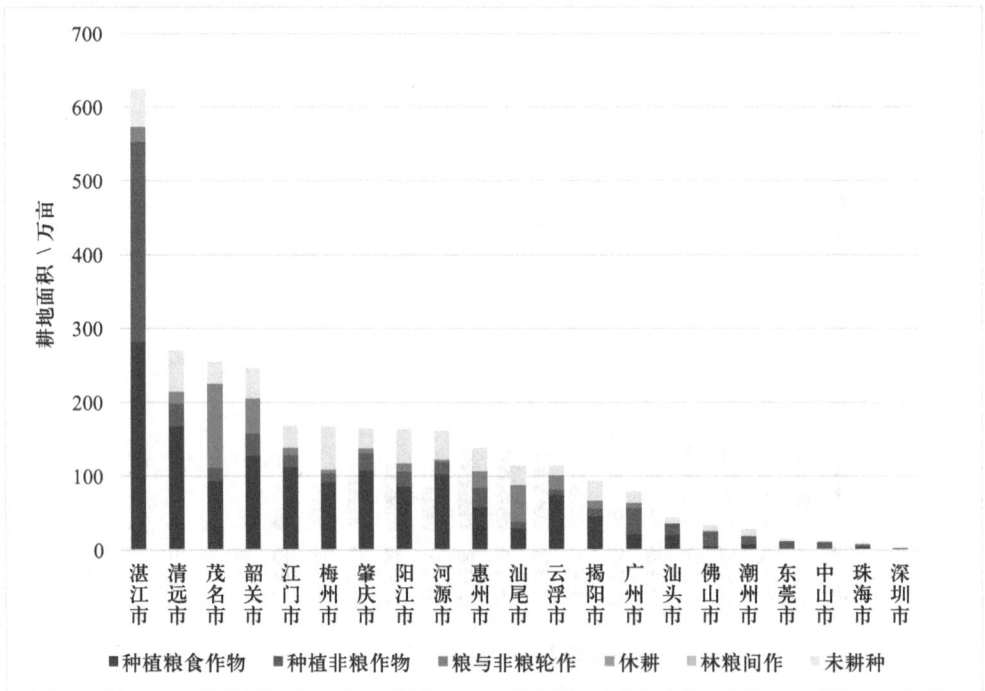

图 1.15　各市耕地种植类型结构图

（5）恢复地类情况

据"三调"成果分析可知，广东省恢复地类总面积为 1 103.60 万亩，其中即可恢复面积为 608.34 万亩，占恢复地类总面积的 55.12%，工程恢复面积为 495.26 万亩，占比为 44.88%。全省即可恢复面积主要以园地为主，面积为 370.31 万亩，占即可恢复总面积的 60.87%，其次是坑塘，面积为 142.08 万亩，占 23.36%，草地面积最少，仅有 0.25 万亩，占比仅 0.04%。全省工程恢复面积主要以林地为主，面积高达 249.60 万亩，占工程恢复总面积的 50.40%，其次为园地，面积约 177.20 万亩，占比为 35.78%，具体数据如表 1.8 所列、图 1.16 所示。

表 1.8　恢复地类总体情况统计表

万亩

地类 恢复地类	林地	草地	园地	坑塘	合计
即可恢复面积	95.71	0.25	370.31	142.08	608.34
工程恢复面积	249.60	1.59	177.20	66.87	495.26
合计	345.31	1.83	547.51	208.95	1 103.60

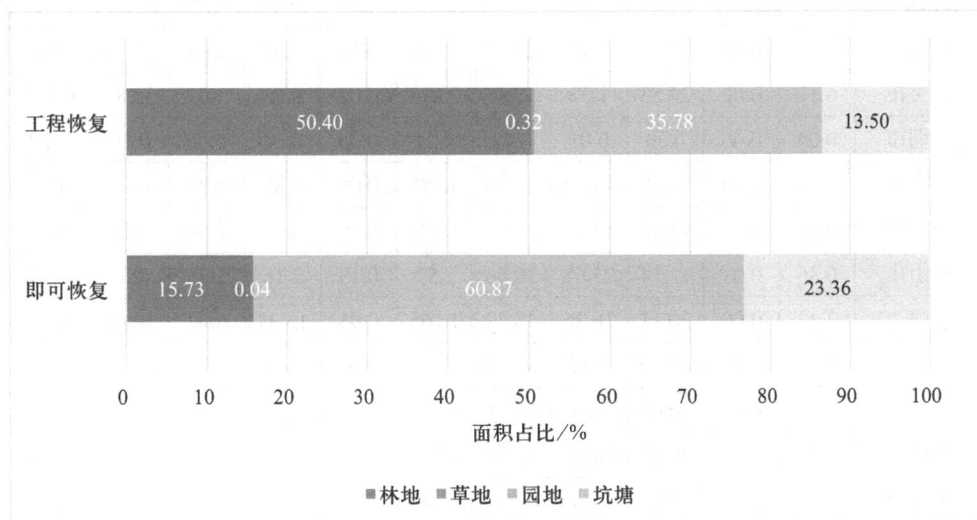

图 1.16　恢复地类结构图

按行政区来看，全省恢复地类面积最大的地级市为湛江市，其恢复地类面积共计 151.75 万亩，其次是阳江市，恢复地类面积为 101.27 万亩。而恢复地类面积较少的地级市分别有深圳市、中山市、东莞市等，其恢复地类面积依次为 1.02 万亩、14.42 万亩、14.75 万亩。其中阳江市即可恢复面积高达 76.50 万亩，处于全省最高水平，其次分别有梅州市、湛江市、江门市等，均拥有较多即可恢复面积，而深圳市、汕尾市在全省即可恢复地类面积中排名最后。全省工程恢复地类面积最多的地级市为湛江市，高达 102.43 万亩，深圳、东莞等市工程恢复地类面积处于全省排名末位。

即可恢复地类面积中，阳江市和梅州市的即可恢复林地面积较多，分别为

27.29万亩和18.78万亩，广州市的即可恢复草地面积处于全省最高水平，共计0.2万亩，即可恢复园地面积最多的地级市为湛江市，共计42.1万亩，而即可恢复坑塘面积最多的地级市则为佛山市，共计23.65万亩。工程恢复地类面积中，林地面积最大的地级市为湛江市，共计57.81万亩，草地面积最大的为广州市，共计0.71万亩，园地面积最大的地级市同样是湛江市，面积高达40.67万亩，而工程恢复坑塘面积最大的地级市为茂名市，共计7.7万亩，如表1.9所列。

表1.9 恢复地类空间分布情况统计表

万亩

地类 行政区	即可恢复					工程恢复					合计 / 万亩
	林地	草地	园地	坑塘	小计	林地	草地	园地	坑塘	小计	
广州市	1.62	0.20	23.74	1.12	26.68	2.74	0.71	8.57	2.41	14.43	41.11
韶关市	6.17	0.02	24.53	1.73	32.45	23.13	0.02	9.65	3.07	35.87	68.32
深圳市	0.05	0.00	0.36	0.01	0.42	0.27	0.04	0.24	0.05	0.60	1.02
珠海市	0.34	0.00	6.32	14.74	21.40	0.30	0.06	0.89	3.74	4.99	26.39
汕头市	0.60	0.00	11.10	14.20	25.90	0.80	0.00	0.83	1.56	3.19	29.09
佛山市	0.86	0.01	12.14	23.65	36.66	2.52	0.15	2.16	1.25	6.08	42.74
江门市	2.33	0.00	30.11	16.35	48.79	16.65	0.03	13.38	6.72	36.78	85.56
湛江市	5.35	0.00	42.10	1.87	49.32	57.81	0.00	40.67	3.95	102.43	151.75
茂名市	3.14	0.00	20.65	2.51	26.31	12.21	0.01	24.29	7.70	44.21	70.51
肇庆市	2.41	0.00	20.40	18.76	41.57	17.53	0.01	10.73	5.19	33.47	75.04
惠州市	5.16	0.00	24.84	2.37	32.37	12.76	0.10	10.19	2.30	25.35	57.72
梅州市	18.78	0.00	26.54	4.90	50.22	13.85	0.02	8.32	2.06	24.25	74.47
汕尾市	2.27	0.00	3.06	1.09	6.42	9.14	0.00	2.74	4.04	15.93	22.35
河源市	2.16	0.00	6.30	0.73	9.18	10.29	0.01	10.18	4.56	25.04	34.22
阳江市	27.29	0.01	31.87	17.34	76.50	18.26	0.00	3.75	2.76	24.77	101.27
清远市	8.44	0.00	28.59	2.82	39.86	35.25	0.03	14.39	6.23	55.89	95.75
东莞市	0.35	0.00	7.17	5.25	12.77	0.66	0.23	0.80	0.29	1.98	14.75
中山市	0.02	0.00	8.03	1.13	9.17	0.25	0.13	0.70	4.17	5.25	14.42
潮州市	3.45	0.00	19.80	5.52	28.76	2.97	0.01	0.77	0.52	4.26	33.02
揭阳市	3.49	0.00	15.99	4.77	24.25	4.56	0.01	4.55	1.99	11.11	35.36
云浮市	1.42	0.00	6.70	1.23	9.35	7.66	0.01	9.40	2.31	19.38	28.73
合计	95.71	0.25	370.31	142.08	608.34	249.60	1.59	177.20	66.87	495.26	1 103.60

"三调"数据成果中，即可恢复地类面积包含了部分可调整地类面积，具体有可调整果园（0201K）、可调整茶园（0202K）、可调整橡胶园（0203K）、可调整其他园地（0204K）、调整乔木林地（0301K）、可调整竹林地（0302K）、可调整其他林地（0307K）、可调整人工牧草地（0403K）、可调整养殖坑塘（1104K）等9种类型。全省范围内可调整地类面积共185.06万亩，主要包括94.99万亩可调整养殖坑塘、67.69万亩可调整果园等地类，可调整其他林地仅有0.13万亩，且全省可调整人工牧草地面积为0。

从行政区来看，全省可调整地类面积最多的地级市为阳江市，共计32.31万亩，其次分别是佛山市、肇庆市、江门市、汕头市、珠海市等地级市，可调整地类面积均在10万亩以上。此外，汕尾市和深圳市可调整地类面积均为0，河源市也仅有0.04万亩可调整地类面积，如表1.10所列。

表1.10 可调整地类空间分布情况统计表

万亩

地类 行政区	可调整 果园	可调整 茶园	可调整 橡胶园	可调整 其他园地	可调整 乔木林地	可调整竹林地	可调整 其他林地	可调整 人工牧草地	可调整 养殖坑塘	合计
广州市	0.93	0.00	0.00	0.05	0.00	0.00	0.00	0.00	0.22	1.20
韶关市	0.43	0.01	0.00	0.00	0.00	0.00	0.00	0.00	0.44	0.89
深圳市	0.00	0.00	0.00	0.00	0.00	0.00	0.00	0.00	0.00	0.00
珠海市	0.19	0.00	0.00	0.08	0.00	0.00	0.00	0.00	12.37	12.65
汕头市	5.54	0.01	0.00	0.03	0.03	0.00	0.00	0.00	10.55	16.16
佛山市	0.03	0.00	0.00	2.36	0.02	0.01	0.00	0.00	18.93	21.35
江门市	2.39	0.00	0.00	0.86	0.02	0.24	0.01	0.00	14.13	17.65
湛江市	4.80	0.00	0.00	0.01	1.19	0.00	0.00	0.00	0.04	6.04
茂名市	7.95	0.00	0.00	0.03	0.08	0.00	0.06	0.00	0.48	8.60
肇庆市	8.26	0.00	0.00	0.13	0.01	0.00	0.00	0.00	11.03	19.43
惠州市	1.31	0.00	0.00	0.01	0.21	0.00	0.00	0.00	1.02	2.55
梅州市	5.14	0.09	0.00	0.04	0.04	0.00	0.01	0.00	1.54	6.87
汕尾市	0.00	0.00	0.00	0.00	0.00	0.00	0.00	0.00	0.00	0.00
河源市	0.04	0.00	0.00	0.00	0.00	0.00	0.00	0.00	0.01	0.04
阳江市	9.53	0.00	1.84	0.95	6.32	0.72	0.03	0.00	12.93	32.31

行政区 \ 地类	可调整果园	可调整茶园	可调整橡胶园	可调整其他园地	可调整乔木林地	可调整竹林地	可调整其他林地	可调整人工牧草地	可调整养殖坑塘	合计
清远市	4.26	0.02	0.00	0.01	1.44	0.00	0.01	0.00	1.34	7.07
东莞市	3.83	0.00	0.00	0.03	0.03	0.00	0.00	0.00	3.11	6.99
中山市	2.38	0.00	0.00	2.29	0.00	0.00	0.00	0.00	1.06	5.72
潮州市	3.94	1.75	0.00	0.19	0.11	0.10	0.00	0.00	3.17	9.25
揭阳市	5.54	0.34	0.00	0.20	0.10	0.02	0.00	0.00	2.31	8.51
云浮市	1.21	0.00	0.00	0.23	0.01	0.00	0.00	0.00	0.32	1.77
广东省	67.69	2.22	1.84	7.50	9.60	1.09	0.13	0.00	94.99	185.06

（6）永久基本农田土地利用现状

基本农田是指中国按照一定时期人口和社会经济发展对农产品的需求，依据土地利用总体规划确定的不得占用的耕地。永久基本农田就是我们常说的基本农田。加上"永久"两字，体现了党中央、国务院对耕地特别是基本农田的高度重视，体现的是严格保护的态度。基本农田保护是应对经济社会发展过程中耕地资源消耗的严峻形势而采取的制度设计，是中国耕地保护政策的重中之重，其主要目的在于通过保护耕地中的精华，以确保中国粮食安全和社会稳定。

通过对现基本农田范围内的土地利用现状进行评价分析，并结合农用地和耕地的布局重合度分析，协助守住耕地红线和基本农田红线，把永久基本农田划定、钉牢，把设施农业发展的好事办好、实事办实，为保障国家粮食安全、促进现代农业发展作出应有的贡献。

根据"三调"成果数据统计，广东省永久基本农田范围内的土地总面积为 3 447.08 万亩。从三大类的结构来看，永久基本农田范围内的农用地面积为 3 368.84 万亩，占基本农田范围内总面积的 97.73%，建设用地的面积为 56.11 万亩，占比为 1.63%，未利用地的面积为 22.12 万亩，占基本农田土地的 0.64%，如图 1.17 所示。

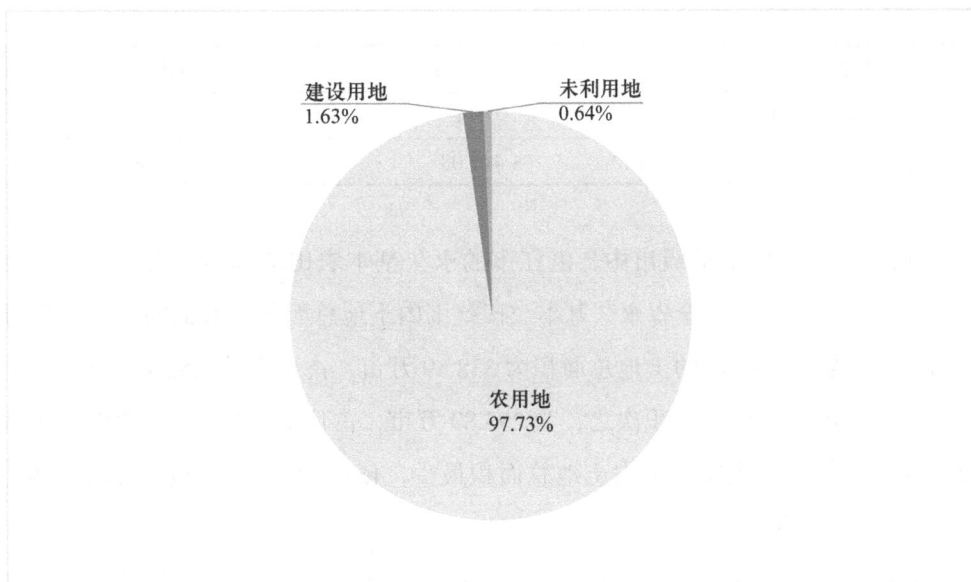

图 1.17 广东省基本农田范围内土地利用三大类结构

从一级类规模结构来看，广东省永久基本农田范围内的地类以耕地为主，面积为 2 018.93 万亩，占全省永久基本农田范围内土地总面积的 58.57%。其次是林地，占地面积为 475.00 万亩，占比为 13.78%。再次为种植园用地，面积共 473.58 万亩，占永久基本农田范围内土地总面积的 13.74%。水工建筑用地和湿地面积最少，分别仅有 1.51 万亩、1.01 万亩，面积占永久基本农田范围内土地总面积分别为 0.04%、0.03%，如表 1-11 所列。

表 1.11 广东省永久基本农田范围内土地利用一级类现状

土地利用类型	面积 / 万亩	占比 /%
湿地	1.01	0.03
耕地	2 018.93	58.57
种植园用地	473.58	13.74
林地	475.00	13.78
草地	12.67	0.37
城镇村及工矿用地	36.15	1.05
交通运输用地	18.46	0.54
水域	312.33	9.06
水工建筑用地	1.51	0.04

续表 1.11

土地利用类型	面积 / 万亩	占比 /%
其他土地	97.45	2.83%
合计	3 447.08	100%

在广东省的 21 个地级市中，湛江市的永久基本农田范围内的土地总面积最大，为 572.85 万亩，占全省永久基本农田范围内土地总面积的 16.62%。其次是清远市，基本农田范围内的土地总面积为 338.59 万亩，占全省的 9.82%。茂名市基本农田范围内的土地总面积次之，为 293.89 万亩，占比为 8.53%。东莞市、珠海市、深圳市的基本农田范围内土地总面积最少，依次为 31.44 万亩、29.25 万亩、3.10 万亩，占比均不到 1%。

从永久基本农田范围内农用地的布局来看，全广东省的基本农田范围内，农用地布局重合度高达 97.73%，21 个地级市的永久基本农田范围内农用地布局重合度均在 90% 以上，且除了东莞市和中山市，其余 19 个地级市的永久基本农田范围内农用地布局重合度均在 95% 以上。从永久基本农田范围内耕地的布局来看，全广东省的基本农田范围内耕地布局重合度为 58.57%，各地级市之间的耕地布局重合度空间差异较大。其中基本农田范围内耕地布局重合度最大的是汕尾市，达到了 71.43%。其次是湛江市，永久基本农田范围内耕地布局重合度达到了 70.75%。深圳市次之，耕地布局重合度为 68.23%。而耕地布局重合度最小的是中山市，仅有 10.17%，如表 1.12 所列。

表 1.12　各行政区基本农田范围农用地、耕地情况

序号	行政区名称	基本农田范围土地面积 / 万亩	农用地面积 / 万亩	农用地布局重合度 /%	耕地面积 / 万亩	耕地布局重合度 /%
1	广州市	137.65	132.08	95.96	51.42	37.36
2	韶关市	292.11	285.13	97.61	187.72	64.26
3	深圳市	3.10	3.03	97.83	2.11	68.23
4	珠海市	29.25	28.86	98.69	4.45	15.23
5	汕头市	46.75	45.72	97.81	22.71	48.58
6	佛山市	61.28	59.81	97.59	14.32	23.36
7	江门市	229.37	226.89	98.92	127.82	55.73
8	湛江市	572.85	567.83	99.12	405.29	70.75

续表 1.12

序号	行政区名称	基本农田范围土地面积/万亩	农用地面积/万亩	农用地布局重合度/%	耕地面积/万亩	耕地布局重合度/%
9	茂名市	293.89	287.75	97.91	178.48	60.73
10	肇庆市	204.49	199.42	97.52	114.25	55.87
11	惠州市	170.50	166.90	97.89	102.92	60.36
12	梅州市	216.52	207.97	96.05	122.90	56.76
13	汕尾市	120.13	117.80	98.07	85.81	71.43
14	河源市	183.93	177.59	96.56	120.19	65.34
15	阳江市	173.39	171.54	98.93	117.01	67.48
16	清远市	338.59	331.71	97.97	194.25	57.37
17	东莞市	31.44	28.31	90.03	5.46	17.37
18	中山市	54.89	51.34	93.54	5.58	10.17
19	潮州市	44.90	43.17	96.14	17.98	40.04
20	揭阳市	107.68	104.33	96.89	60.36	56.06
21	云浮市	134.39	131.66	97.97	77.89	57.96
合计		3 447.08	3 368.84	97.73	2 018.93	58.57

总体来看，广东省永久基本农田范围内的农用地布局重合度较高，耕地布局重合度也达到了 58.57%，这表明广东省永久基本农田范围内除耕地外，其余土地以其他农用地为主，例如种植园用地、林地等，均能满足人口和社会经济发展对农产品的需求。空间分布上，全省 21 个地级市的农用地布局重合度均在 90% 以上，且 14 个地级市的耕地布局重合度均在 50% 以上，这表明大部分地级市永久基本农田范围内的土地均以耕地和其他农用地为主。虽然珠三角地区的佛山市、东莞市、中山市、珠海市的耕地布局重合度均在 30% 以下，但农用地布局重合度仍在 90% 以上，范围划定科学合理，能够为农业生产发展提供保障。

（7）耕地现状特征

总结归纳全省耕地分布现状特征如下。

1）耕地资源紧缺，地域差异大：耕地是保障粮食安全，关乎国计民生的重要资源，全省耕地面积为 2 852.87 万亩，人均耕地面积仅有 0.25 亩。空间分布上，耕地资源主要集中在湛江、茂名等市，珠三角区域耕地面积较少，深圳、东莞等市耕地面积分布密度极低。

2）平地多、坡地少。全省耕地坡度以 2°以下的平地为主要类型，其面积为 2 091.97 万亩，占全省耕地面积七成以上；此外还包含两成左右的梯田，主要分布在湛江、清远、韶关、梅州等市；少量坡地主要分布在茂名市。

3）粮食作物与非粮作物是主要种植类型。从种植类型来看，种植粮食作物的耕地面积为 1 414.20 万亩，种植非粮作物的耕地面积为 573.64 万亩，二者占据全省耕地七成面积，其中湛江市所占面积最大。

4）恢复地类以园地、林地为主。全省恢复地类中，园地和林地合计占比超过 80%，相反草地中恢复地类仅有 1.83 万亩。

5）永久基本农田范围内仍然存在建设用地与非耕农用地，要为农业发展和满足生活需求提供保障、实现永久基本农田价值，还需进一步对基本农田范围进行优化。

1.2.2.2 建设用地利用现状

建设用地是城市发展的空间载体。按照国家下发的第三次全国土地调查工作分类要求，建设用地主要包括商业服务业用地（05）、工矿用地（06）、住宅用地（07）、公共管理与公共服务用地（08）、特殊用地（09）、交通运输用地（10）等一级类，以及水工建筑用地（1109）、空闲地（1201）等细化地类。此外，"三调"工作还将城乡居民点、独立居民点以及居民点以外的工矿、国防、名胜古迹等企事业单位用地及其内部的交通、绿化用地统称为城镇村及工矿用地（20），包含城市（201）、建制镇（202）、村庄（203）、采矿用地（204）、风景名胜及特殊用地（205）共 5 类。

本书中所统计的建设用地面积主要包括城镇村及工矿用地、交通运输用地、水工建筑用地。

（1）建设用地规模结构

根据"三调"成果数据统计，全省建设用地总面积为 3 038.06 万亩。在建设用地的结构中，城镇村及工矿用地的面积最大，为 2 645.74 万亩，占比达到了 87.09%，其次是交通运输用地，面积为 346.27 万亩，占全省建设用地面积的 11.40%，水工建筑用地最少，面积为 46.04 万亩，占全省建设用地总面积的 1.52%，如表 1.13 所列。

表 1.13 建设用地地类面积统计表

地类		统计项	
		面积 / 万亩	占比 /%
城镇村及工矿用地	城市	676.69	22.27
	建制镇	670.86	22.08
	村庄	1 211.85	39.89
	采矿用地	61.24	2.02
	风景名胜及特殊用地	25.11	0.83
	小计	2 645.74	87.09
交通运输用地	铁路用地	22.55	0.74
	轨道交通用地	3.28	0.11
	公路用地	301.98	9.94
	机场用地	7.28	0.24
	港口码头用地	10.65	0.35
	管道运输用地	0.54	0.02
	小计	346.27	11.40
水工建筑用地	水工建筑用地	46.04	1.52
合计		3 038.06	100

（2）建设用地空间分布

1）行政区划

从行政区划来看，建设用地主要分布在广州市、湛江市、佛山市、茂名市、东莞市、惠州市等地区。广州市建设用地面积最大，为 282.37 万亩，占全省建设用地总面积的 9.29%；湛江市次之，为 239.97 万亩，占全省建设用地面积的 7.90%；汕尾市和潮州市建设用地面积最少，面积分别为 61.10 万亩和 64.36 万亩，分别占全省建设用地面积的 2.01% 和 2.12%。

从人均建设用地来看，全省人均建设用地面积为 0.26 亩，人均建设用地最多的地区为韶关市，为 0.41 亩，其次是清远市，最少的是深圳市，为 0.11 亩。其中，广州市、深圳市、汕头市、汕尾市、东莞市、潮州市、揭阳市的人均建设用地低于全省平均水平，如图 1.18 所示。

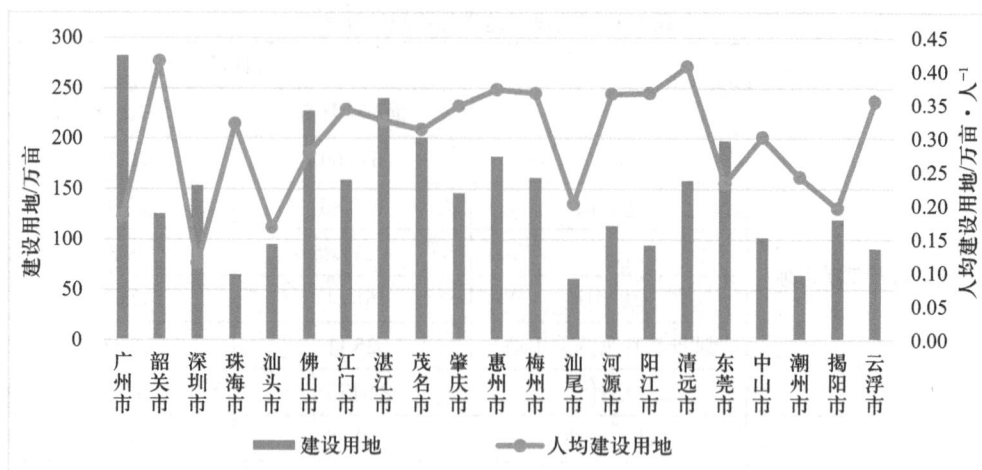

图 1.18　各市建设用地统计图

2）空间分布

从四大区来看，广东省的建设用地主要分布于珠三角平原区，建设用地面积为 1 513.91 万亩，占全省建设用地面积的 49.83%。粤西北山区的建设用地面积第二，为 649.12 万亩，占全省建设用地面积的 21.37%。粤西沿海区的建设用地面积为 534.87 万亩。粤东沿海区的建设用地面积最少，为 340.15 万亩，如图 1.19 所示。

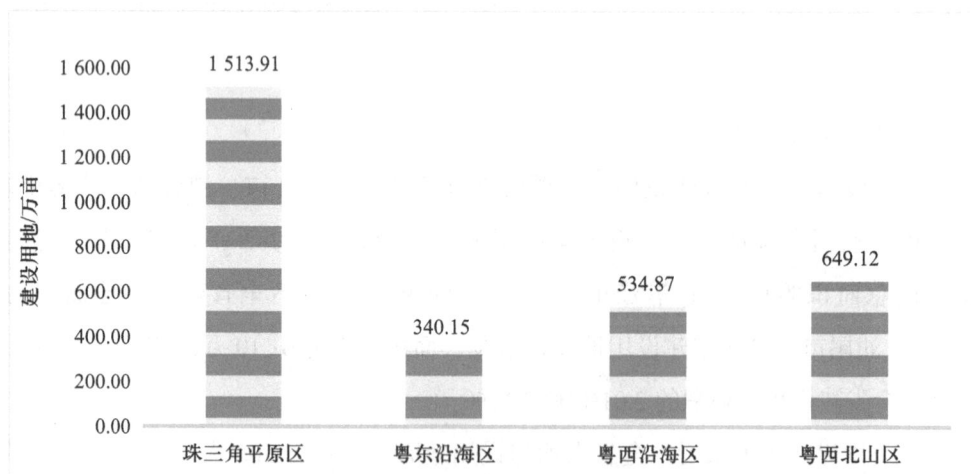

图 1.19　四大分区建设用地分布图

（3）建设用地开发强度

开发强度是指建设用地占辖区总面积的比例。从开发强度来看，全省建设用地开发强度为 11.27%，其中东莞市的建设用地开发强度最高，为 53.52%，其次是深圳市，建设用地开发强度为 51.52%，建设用地开发强度最低的是韶关市，为 4.55%。

全省有 11 个行政区域的建设用地开发强度均高于广东省建设用地开发强度，分别为广州市、深圳市、珠海市、汕头市、佛山市、湛江市、茂名市、东莞市、中山市、潮州市、揭阳市。从地理分布来看，广东省建设用地开发强度较高的地区主要分布在珠三角区域。

（4）城镇村及工矿用地现状分析

"三调"工作要求对城镇村及工矿用地内部的土地利用现状开展细化调查，查清其内部商业服务业用地、工矿用地、物流仓储用地、住宅用地、公共管理与公共服务用地和特殊用地等土地利用状况。

经统计，全省城镇村及工矿用地内共有建设用地 2 245.85 万亩，其中住宅用地占比最大，其面积有 1 110.53 万亩，空闲地占比最小，面积为 9.46 万亩。全省城市范围中共有建设用地 634.65 万亩，在城市各类型建设用地中，住宅用地的面积占比最大，为 36.02%，其次为工矿用地，占比 21.75%；全省建制镇范围内共有建设用地 634.6 万亩，在各类型建设用地中，住宅用地的面积占比最大，为 37.37%，其次为工矿用地，占比 33.78%；全省村庄范围中共有建设用地 894.13 万亩，在各类型建设用地中，住宅用地的面积占比最大，为 72.1%，其次为工矿用地，占比 13%；全省盐田及采矿用地范围内共有建设用地 57.36 亩，其中工矿用地占比最大，为 99.63%，其次为商业服务业用地，占比 0.12%；全省特殊用地范围内共有建设用地 25.1 万亩，其中特殊用地类型占比最大，为 99.13%，其次为公共管理与公共服务用地，占比 0.36%。在不同类型城镇村及工矿用地中，城市范围内的建设用地占比为 93.79%，建制镇范围内建设用地占比为 94.6%，村庄范围内的建设用地占比为 73.78%，盐田及采矿用地范围内的建设用地占比为 93.67%，特殊用地范围内的建设用地占比为 100%，如表 1.14 所列。

表 1.14　城镇村及工矿用地内部情况统计表

万亩

城镇村及工矿用地	地类								
	建设用地								非建设用地
	商业服务业用地	工矿用地	住宅用地	公共管理与公共服务用地	特殊用地	交通运输用地	水工建筑用地	空闲地	
城市	72.56	138.07	228.60	82.66	8.79	101.82	0.00	2.15	42.04
建制镇	47.36	214.38	237.16	56.57	4.13	72.77	0.00	2.23	36.25
村庄	31.15	116.27	644.68	54.32	8.24	34.39	0.00	5.08	317.73
盐田及采矿用地	0.07	57.15	0.06	0.02	0.01	0.05	0.00	0.00	3.88
特殊用地	0.03	0.03	0.02	0.09	24.89	0.04	0.00	0.00	0.00
合计	151.19	525.89	1 110.53	193.65	46.06	209.07	0.00	9.46	399.90

　　按照四大区对各类型建设用地占比进行统计。在珠三角平原区，主要的建设用地类型为住宅用地，占比 41.89%。其次为工矿用地、公共管理与公共服务用地，商业服务业用地占比较少，为 10.6%；在粤西沿海区，住宅用地占比 75.36%，为最主要的建设用地类型，其次为工矿用地，公共管理与公共服务用地、商业服务业用地占比较少，分别为 6.8%、3.47%；在粤西北山区，住宅用地仍为最主要建设用地类型，占比 67.4%，其次为工矿用地、公共管理与公共服务用地，商业服务用地占比较少，为 4.1%；在粤东沿海区，住宅用地占比 61.18%，其次为工矿用地、公共管理与公共服务用地、特殊用地，如图 1.20 所示。

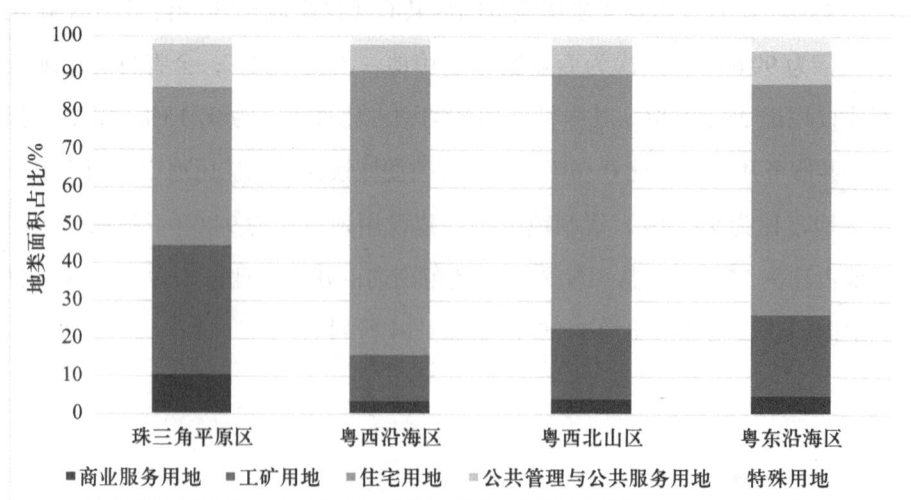

图 1.20　四大分区内建设用地地类占比统计图

（5）开发区土地利用现状分析

开发区作为产业升级、区域发展的助推器和科技创新基地，在对外吸引投资、扩大出口、引进人才，对内服务母城、发挥改革试点辐射作用等方面，都具有举足轻重的作用。开发区作为广东省发展工业、制造业的载体成长迅速，在对外开放、吸引外资、促进区域经济发展方面，起到了窗口、辐射、示范和带动作用，已经成为广东省国民经济新的增长点，在全省经济结构调整和产业结构调整方面起到了很重要的作用。通过对开发区内土地利用程度指数分析，协助研究制定开发区发展规划，对于充分发挥开发区优势、科学开展招商引资、切实提升开发区核心竞争力等具有重要作用。

1）土地利用程度指数

土地利用程度的变化不仅可以反映土地利用的自然属性，也反映了人为因素和自然环境因素的综合作用。根据刘纪远等学者提出的土地利用程度综合分析方法，可将土地利用程度按照土地自然综合体在社会经济等因素综合影响下的自然平衡状态分为 4 级，并赋予其分级指数，从而给出了土地利用程度综合指数的定量化表达式，如表 1.15 所列。

表 1.15　土地利用程度分级赋值表

土地状态	未利用土地级	草、林、水用地级	农业用地级	城镇建设用地级
土地利用类型	未利用土地	草地、林地、水域	耕地	建设用地
分级指数	1	2	3	4

土地利用综合程度指数：

$$L_j = 100 \times \sum_{i=1}^{n} (A_i \times C_i) \tag{2.1}$$

式（2.1）中：L_j 表示为研究区域土地利用程度的综合指数；A_i 表示研究区域第 i 级土地利用程度分级指数；C_i 表示为研究区域第 i 级土地利用程度分级面积百分比；n 表示土地利用程度分级数。

2）国家级开发区

国家级开发区是指由国务院批准在城市规划区内设立的国家级经济技术开发区、国家级高新技术产业开发区、国家级旅游度假区、国家级保税区等实行国家特定优惠政策的各类开发区。

根据"三调"成果数据统计，广东省国家级开发区范围的土地总面积为38.47万亩。从三大类的结构来看，国家级开发区范围内农用地的面积为5.28万亩，占开发区总面积的13.72%，建设用地的面积为31.06万亩，占比为80.73%，未利用地的面积为2.14万亩，占开发区土地的5.55%。三大类用地占比为2.47 ：14.54 ：1，如图1.21所示。

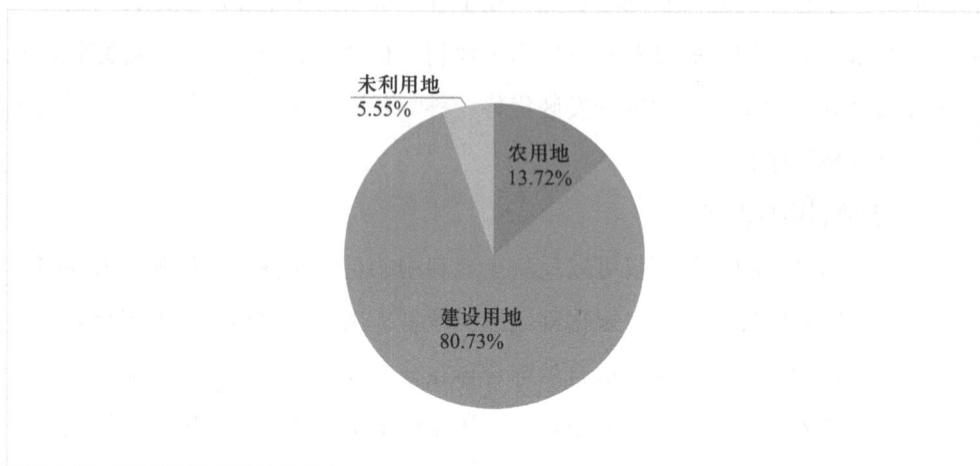

图1.21　广东省国家级开发区范围内土地利用三大类结构

从一级类规模结构来看，广东省国家级开发区范围内的地类以城镇村及工矿用地为主，面积为28.64万亩，占国家级开发区范围内土地总面积的74.44%。其次是交通运输用地，占地面积为2.30万亩，占开发区总面积的5.98%。林地次之，为1.82万亩，占比为4.73%。其他土地、水工建筑用地、湿地的面积最少，依次分别为0.15万亩、0.12万亩、0.09万亩，面积占国家级开发区范围内土地总面积分别为0.39%、0.30%、0.24%，如表1.16所列。

表1.16　广东省国家级开发区范围内土地利用一级类现状

土地利用类型	面积 / 万亩	占比 /%
国家级开发区土地	38.47	100
湿地	0.09	0.24
耕地	0.97	2.53
种植园用地	1.23	3.20

续表 1.16

土地利用类型	面积 / 万亩	占比 /%
林地	1.82	4.73
草地	1.69	4.39
城镇村及工矿用地	28.64	74.44
交通运输用地	2.30	5.98
水域	1.46	3.79
水工建筑用地	0.12	0.30
其他土地	0.15	0.39

在广东省的 21 个地级市中，14 个地级市建立了国家级开发区，分别为广州市、深圳市、珠海市、汕头市、佛山市、江门市、茂名市、惠州市、河源市、清远市、东莞市、中山市。其中广州市的国家级开发区范围内土地总面积最大，为 17.21 万亩，占全省国家级开发区土地面积的 44.72%。从各地级市的国家级开发区范围内土地利用三大类结构来看，广州市、深圳市、珠海市、汕头市、佛山市、江门市、茂名市、惠州市、河源市、东莞市、中山市均以建设用地占比为主。

国家级开发区范围内的建设用地占比在 90% 以上的有深圳市、珠海市、佛山市、东莞市，土地利用率较高，其中最高的为深圳市，建设用地占比高达 98.83%。清远市的国家级开发区以农用地占比为主，共计 64.80%，开发区内的建设用地占比仅有 25.35%。肇庆市的国家级开发区则是以未利用地为主，占比为 42.76%，建设用地仅有 31.20%，如表 1.17 所列。

表 1.17　各市国家级开发区范围内土地利用三大类情况

序号	行政区名称	国家级开发区总面积 / 万亩	农用地 /%	建设用地 /%	未利用地 /%
	广东省	38.47	13.72	80.73	5.55
1	广州市	17.21	18.37	76.32	5.31
2	深圳市	3.11	0.58	98.83	0.60
3	珠海市	4.30	2.93	90.79	6.28
4	汕头市	0.45	8.38	86.50	5.11
5	佛山市	1.50	1.42	97.11	1.47
6	江门市	1.23	19.69	77.64	2.67
7	湛江市	0.33	51.02	45.57	3.41

序号	行政区名称	国家级开发区总面积 / 万亩	农用地 /%	建设用地 /%	未利用地 /%
8	茂名市	0.99	27.62	66.62	5.76
9	肇庆市	0.29	26.04	31.20	42.76
10	惠州市	3.68	9.26	83.25	7.49
11	河源市	1.24	21.98	68.13	9.89
12	清远市	0.08	64.80	25.35	9.85
13	东莞市	1.50	2.05	97.06	0.88
14	中山市	2.56	17.81	72.64	9.54

根据"三调"成果数据分析可知，广东省国家级开发区范围内的土地利用程度指数为 366.80，国家级开发区土地利用率高。

在 14 个地级市的国家级开发区范围中，有 6 个地级市的国家级开发区范围内的土地利用程度指数高于全省平均水平，分别为深圳市、珠海市、汕头市、佛山市、惠州市、东莞市。其中深圳市的土地利用程度指数最高，为 397.65，表明深圳市国家级开发区范围内的土地利用率最高。其次是佛山市和东莞市，国家级开发区范围内的土地利用程度指数分别达到了 394.88 和 394.41。而清远市的国家级开发区范围内的土地利用程度指数最低，仅达到了 254.07，国家级开发区范围内的土地利用率低，如图 1.22 所示。

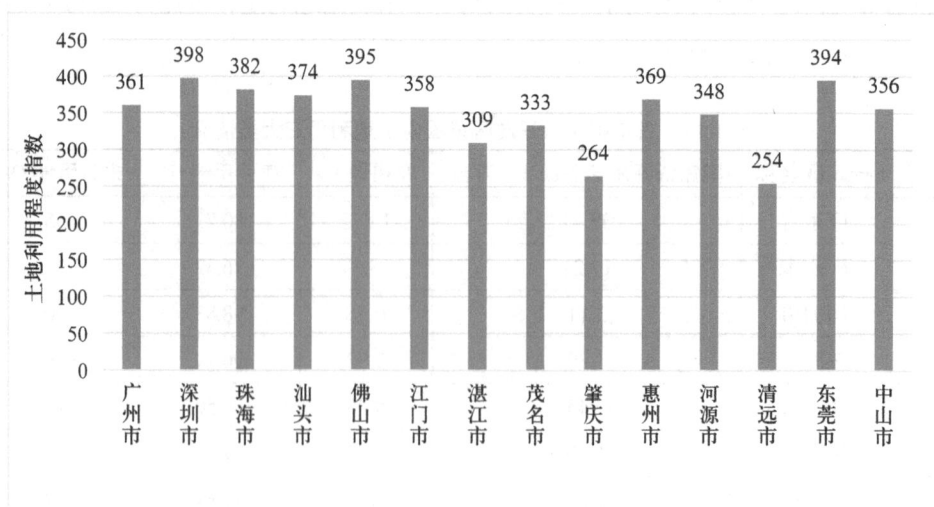

图 1.22　广东省国家级开发区范围内土地利用程度指数

3）省级开发区

省级开发区是纳入《中国开发区审核公告目录》管理的产业园区，是产业发展的重要载体，是区域经济的重要支撑，是对外开放的重要窗口，发挥着促进发展方式转变、引领产业结构升级、带动地区经济发展、深化改革扩大开放、加快工业化城镇化进程等重要作用。

根据"三调"成果数据统计，广东省省级开发区范围内的土地总面积为45.65万亩。从三大类的结构来看，省级开发区范围内农用地的面积为12.47万亩，占开发区总面积的27.31%，建设用地的面积为30.09万亩，占比为65.91%，未利用地的面积为3.10万亩，占省级开发区土地的6.78%。三大类用地占比为4.03 ∶ 9.72 ∶ 1，如图1.23所示。

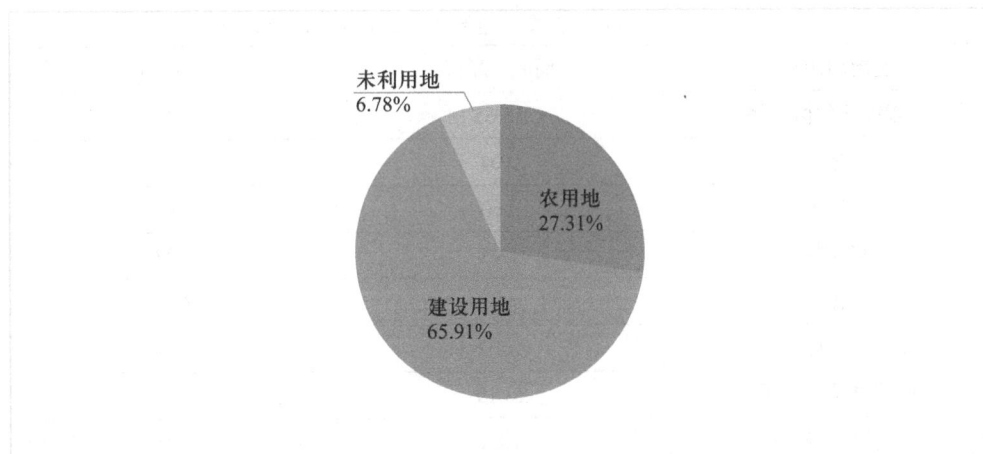

图1.23 广东省省级开发区范围内土地利用三大类结构

从一级类规模结构来看，广东省省级开发区范围内的地类以城镇村及工矿用地为主，面积为28.19万亩，占省级开发区范围内土地总面积的61.76%。林地面积次之，为4.01万亩，占比为8.78%。其他土地、水工建筑用地、湿地的面积最少，分别依次为0.41万亩、0.06万亩、0.04万亩，面积占省级开发区范围内土地总面积分别为0.90%、0.14%、0.09%，如图1.24所示、表1.18所列。

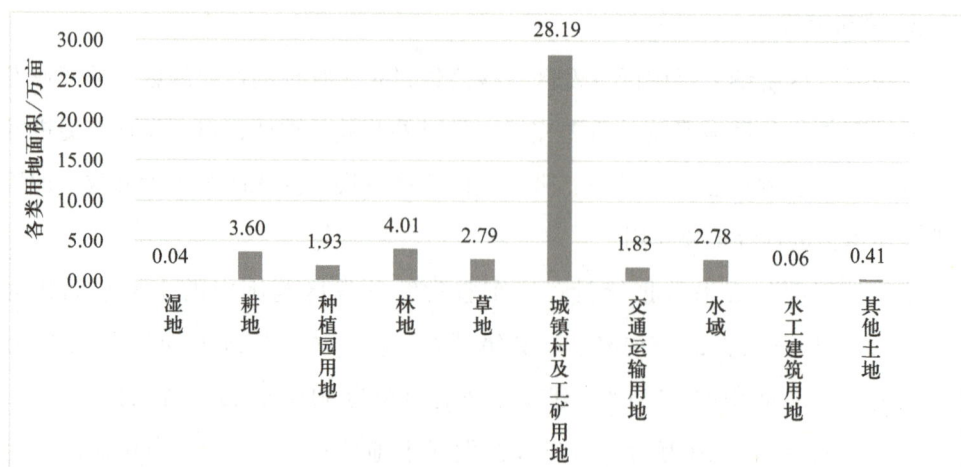

图 1.24 广东省国家级开发区范围内土地利用结构

表 1.18 广东省省级开发区范围内土地利用一级类现状

土地利用类型	面积 / 万亩	占比 /%
省级开发区土地	45.65	100
湿地	0.04	0.09
耕地	3.60	7.89
种植园用地	1.93	4.23
林地	4.01	8.78
草地	2.79	6.12
城镇村及工矿用地	28.19	61.76
交通运输用地	1.83	4.01
水域	2.78	6.09
水工建筑用地	0.06	0.14
其他土地	0.41	0.90

　　在广东省的 21 个地级市中，有 20 个地级市已经建立了省级开发区，分别为广州市、韶关市、珠海市、汕头市、佛山市、江门市、湛江市、茂名市、肇庆市、惠州市、梅州市、汕尾市、河源市、阳江市、清远市、东莞市、中山市、潮州市、揭阳市、云浮市。其中佛山市的省级开发区范围内土地总面积最大，为 6.95 万亩，占全省省级开发区土地面积的 15.23%。从各地级市的省级开发区范围内土地利用三大类结构来看，广州市、韶关市、珠海市、汕头市、佛山市、湛江市、茂名市、

肇庆市、惠州市、梅州市、汕尾市、阳江市、清远市、东莞市、中山市、潮州市、揭阳市、云浮市均以建设用地占比为主，江门市、河源市的省级开发区范围内农用地的占比最高。

根据"三调"成果数据分析可知，广东省省级开发区范围内的土地利用程度指数为343.03，省级开发区土地利用率高。在20个地级市的省级开发区范围中，有10个地级市的省级开发区范围内的土地利用程度指数高于全省平均水平，分别为广州市、韶关市、珠海市、汕头市、佛山市、湛江市、惠州市、中山市、潮州市、云浮市。其中广州市的土地利用程度指数最高，为387.60，表明广州市省级开发区范围内的土地利用率最高。其次是珠海市、惠州市，省级开发区范围内的土地利用程度指数分别达到了372.36、370.92。而河源市的省级开发区范围内的土地利用程度指数最低，仅达到了247.87，省级开发区范围内的土地利用率低，具体数据如表1.19所列、图1.25所示。

表1.19　各市省级开发区范围内土地利用三大类情况

序号	行政区名称	省级开发区总面积/万亩	农用地/%	建设用地/%	未利用地/%
	广东省	45.65	27.31	65.91	6.78
1	广州市	3.38	5.10	92.70	2.19
2	韶关市	0.94	29.08	68.01	2.91
3	珠海市	0.91	10.57	84.15	5.28
4	汕头市	0.00	18.58	81.42	0.00
5	佛山市	6.95	12.06	83.16	4.79
6	江门市	4.00	52.69	39.08	8.23
7	湛江市	3.38	20.44	75.75	3.81
8	茂名市	1.44	33.24	54.99	11.76
9	肇庆市	0.88	26.56	60.07	13.37
10	惠州市	2.55	7.89	84.86	7.25
11	梅州市	0.76	44.13	48.44	7.43
12	汕尾市	3.08	40.88	47.14	11.99
13	河源市	0.53	76.45	19.63	3.92
14	阳江市	5.06	32.25	61.89	5.86
15	清远市	0.31	22.24	69.46	8.30

续表 1.19

序号	行政区名称	省级开发区总面积 / 万亩	农用地 /%	建设用地 /%	未利用地 /%
16	东莞市	4.60	32.57	55.91	11.52
17	中山市	0.64	16.62	80.28	3.10
18	潮州市	1.04	14.95	80.95	4.10
19	揭阳市	4.55	38.10	55.25	6.65
20	云浮市	0.65	27.83	68.90	3.28

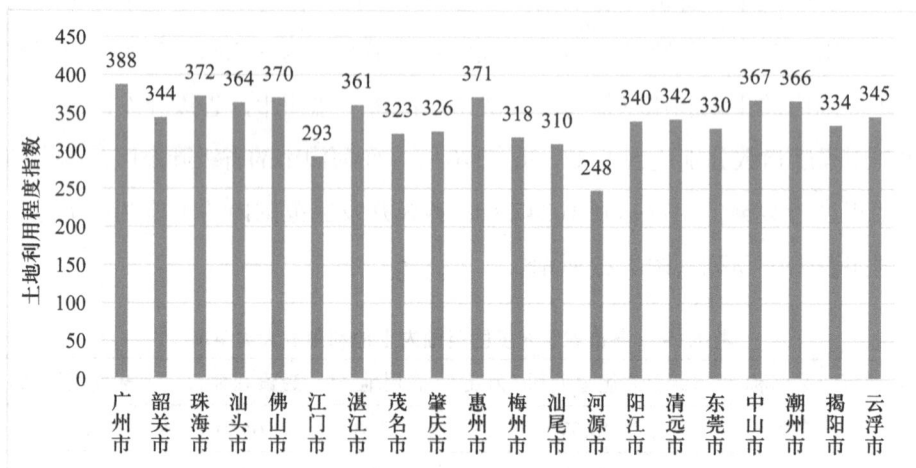

图 1.25 广东省省级开发区范围内土地利用程度指数

4）产业转移园区

产业转移是指在市场化背景下，发达区域的产业基于区域的比较优势，通过跨区域直接投资、技术转移，将部分的产业转移到欠发达地区进行发展，从空间分布上实现部分产业的跨区域转移。广东省于 2005 年开始产业转移园建设，在粤东西北地区及江门、肇庆、惠州市欠发达地区规划建设产业转移工业园，作为承接珠三角地区相关产业有序梯度转移的重要载体。

根据"三调"成果数据统计，广东省转移园开发区范围的土地总面积为 27.88 万亩。从三大类的结构来看，转移园开发区范围内农用地的面积为 13.86 万亩，占开发区总面积的 51.39%，建设用地的面积为 10.93 万亩，占比为 42.11%，未利用地的面积为 2.29 万亩，占转移园开发区土地的 8.20%。三大类用地占比为 6.06 ∶ 5.14 ∶ 1，如图 1.26 所示。

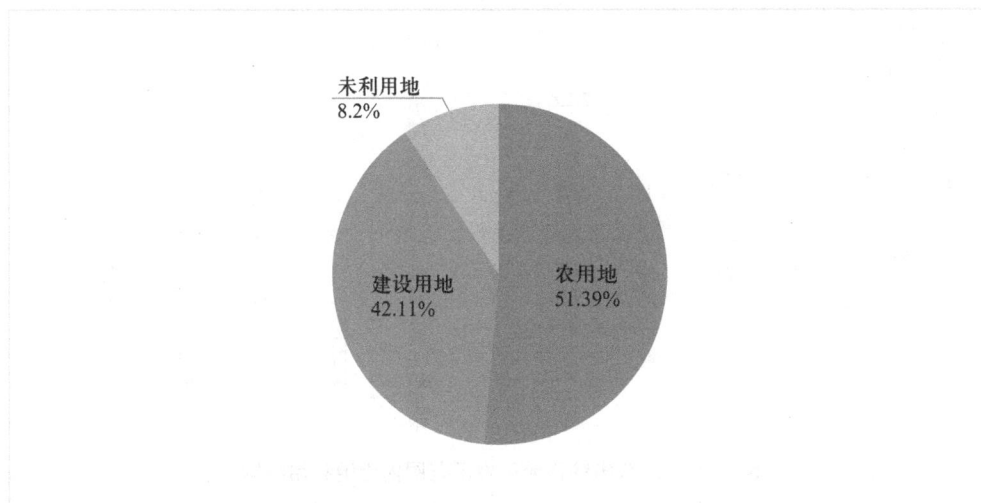

图 1.26　广东省转移园开发区范围内土地利用三大类结构

从一级类规模结构来看，广东省转移园开发区范围内的地类以城镇村及工矿用地为主，面积为 10.35 万亩，占转移园开发区范围内土地总面积的 37.13%。其次是林地，占地面积为 7.19 万亩，占转移园开发区总面积的 25.80%。水工建筑用地面积最少，面积为 0.06 万亩，占转移园开发区范围内土地总面积的 0.22%，具体数据如表 1.20 所列、图 1-27 所示。

表 1.20　广东省转移园开发区范围内土地利用一级类现状

土地利用类型	面积 / 万亩	占比 /%
转移园开发区土地	27.88	100.00
湿地	0.21	0.77
耕地	2.70	9.67
种植园用地	2.11	7.55
林地	7.19	25.80
草地	1.74	6.24
城镇村及工矿用地	10.35	37.13
交通运输用地	1.33	4.76
水域	1.78	6.39
水工建筑用地	0.06	0.22
其他土地	0.41	1.47

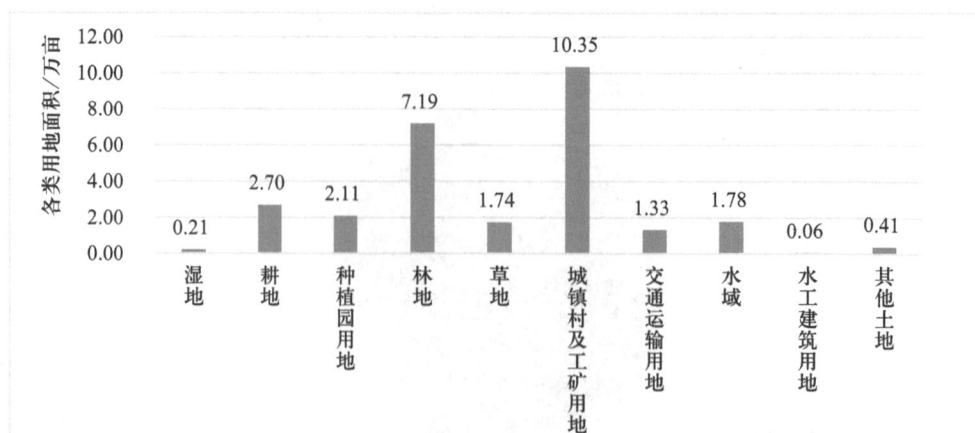

图 1.27　广东省转移园开发区范围内土地利用结构

在广东省的 21 个地级市中，有 15 个地级市已经建立了转移园开发区，分别为韶关市、汕头市、江门市、湛江市、茂名市、肇庆市、惠州市、梅州市、汕尾市、河源市、阳江市、清远市、潮州市、揭阳市、云浮市。其中河源市的转移园开发区范围内土地总面积最大，为 4.58 万亩，占全省转移园开发区土地面积的 16.42%。从各地级市的转移园开发区范围内土地利用三大类结构来看，汕头市、惠州市、汕尾市、河源市、云浮市均以建设用地占比为主，其次是农用地，未利用地占比最少，且建设用地占比均在 50% 以上，其中云浮市的转移园开发区范围内建设用地占比最高，为 63.16%，如表 1.21 所列。

表 1.21　各市转移园开发区范围内土地利用三大类情况

序号	行政区名称	转移园开发区总面积 / 万亩	农用地 /%	建设用地 /%	未利用地 /%
	广东省	27.88	49.69	42.11	8.20
1	韶关市	1.83	68.41	25.59	6.00
2	汕头市	2.88	27.09	57.42	15.49
3	江门市	0.02	73.35	23.31	3.34
4	湛江市	1.65	45.58	39.60	14.82
5	茂名市	1.70	60.39	35.11	4.49
6	肇庆市	0.60	60.59	32.65	6.75
7	惠州市	0.66	40.65	55.83	3.52
8	梅州市	0.15	64.58	8.59	26.82
9	汕尾市	1.62	39.98	55.45	4.57
10	河源市	4.58	32.28	57.71	10.01
11	阳江市	1.31	56.20	31.29	12.52

序号	行政区名称	转移园开发区总面积 / 万亩	农用地 /%	建设用地 /%	未利用地 /%
12	清远市	5.42	63.48	31.25	5.27
13	潮州市	2.75	58.13	35.11	6.76
14	揭阳市	1.50	66.83	27.41	5.77
15	云浮市	1.21	32.69	63.16	4.16

韶关市、江门市、湛江市、茂名市、肇庆市、阳江市、清远市、潮州市、揭阳市等地转移园开发区范围内土地利用三大类结构是以农用地占比为主，其次是建设用地，未利用地占比最少。

而梅州市的转移园开发区范围内土地利用三大类结构是以农用地占比为主，其次是未利用地，建设用地占比最少。

根据"三调"成果数据分析可知，广东省转移园开发区范围内的土地利用程度指数为 299.97，转移园开发区土地利用率较高。在 15 个地级市的转移园开发区范围中，有 5 个地级市的省级开发区范围内的土地利用程度指数高于全省平均水平，分别为汕头市、惠州市、汕尾市、河源市、云浮市。其中，云浮市的土地利用程度指数最高，为 336.55，表明云浮市转移园开发区范围内的土地利用率最高。其次是河源市、汕尾市，转移园开发区范围内的土地利用程度指数分别达到了 334.16、330.08。而梅州市的转移园开发区范围内的土地利用程度指数最低，仅达到了 221.31 万亩，转移园开发区范围内的土地利用率低，如图 1.28 所示。

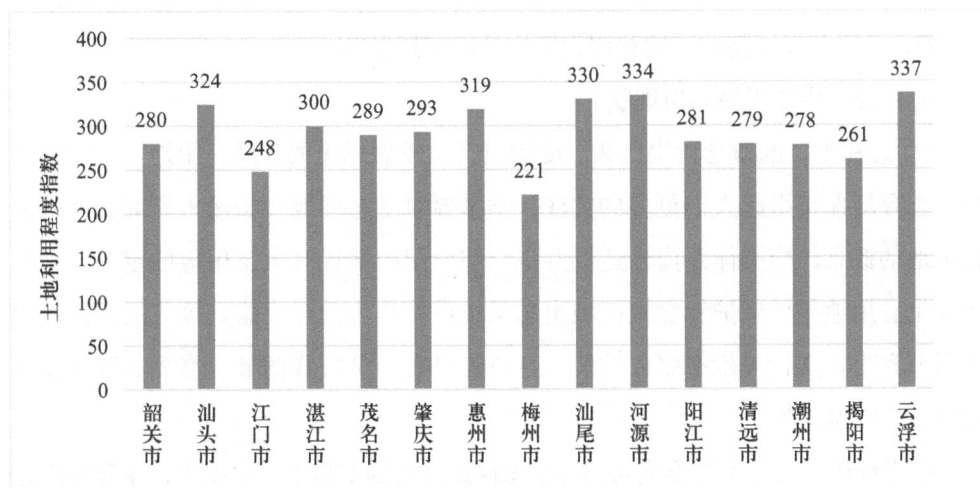

图 1.28　广东省转移园开发区范围内土地利用程度指数

（6）建设用地现状特征

总结归纳全省建设用地分布现状特征如下。

1）建设用地规模大

建设用地是城市发展的根基，全省建设用地总面积为 3 038.06 万亩，占全省土地利用总面积的 11.27%，全省人均建设用地面积为 0.26 亩。

2）建设用地构成以城镇村及工矿用地为主体

城镇村及工矿用地占全省建设用地总面积的 87.09%，其次是交通运输用地，占全省建设用地总面积的 11.40%，水工建筑用地最少，城镇村及工矿用地内部以住宅用地为主，占比高达 41.97%。

3）建设用地在空间分布上的地区差异明显

建设用地主要集中分布在广州、东莞、深圳、佛山等珠三角区域主要城市，4 市囊括全省三成建设用地，其他市建设用地分布较分散。建设用地开发强度高的区域也主要集中分布于珠三角地区，符合经济发展特点。

4）建设用地开发强度较高

全省建设用地开发强度为 11.27%，其中东莞市的建设用地开发强度最高，为 53.52%，其次是深圳市，建设用地开发强度为 51.52%。

5）各级开发区土地利用程度均处于较高水平

广东省国家级开发区范围内的土地利用程度指数为 366.80，省级开发区范围内的土地利用程度指数为 343.03，转移园开发区范围内的土地利用程度指数为 299.97，各级开发区整体土地利用程度均处于较高水平。

1.2.2.3　生态用地利用现状

"生态用地"的概念讨论已久。随着可持续发展思想的普及，土地可持续利用与生态环境保护引起人们更多的关注，学术界对生态用地开始深入研究，但就生态用地的概念与分类体系尚未达成共识。综合国内学者对生态用地的定义，本文认为生态用地是以保护和发展区域生态系统可持续为目标，能直接或间接提供生态调节和生物支持等生态服务功能，且自身具有一定自我调节、修复、维持和发展能力的用地类型。

生态环境、国家发改委发布的《生态保护红线划定指南》中指出，生态空间是指具有自然属性、以提供生态服务或生态产品为主体功能的国土空间，包括森林、草原、湿地、河流、湖泊、滩涂、岸线、海洋、荒地、荒漠、戈壁、冰川、高山冻原、无居民海岛等。生态保护红线是指在生态空间范围内具有特殊重要生态功能、必须强制性严格保护的区域,是保障和维护国家生态安全的底线和生命线,通常包括具有重要水源涵养、生物多样性维护、水土保持、防风固沙、海岸生态稳定等功能的生态功能重要区域,以及水土流失、土地沙化、石漠化、盐渍化等生态环境敏感脆弱区域。结合"三调"工作中相关用地分类标准,本文将林地、草地、湿地、水域共4类用地(图1.29)视为生态空间的主要地类,并对其利用现状展开讨论。

图 1.29 生态空间主要地类

(1)湿地利用现状

1)湿地规模结构

按照《第三次全国国土调查规程》,"三调"新增湿地一级地类,主要包括红树林地、森林沼泽、灌丛沼泽、沼泽草地、盐田、沿海滩涂、内陆滩涂、沼泽地共8个二级土地利用类型。

根据"三调"成果数据统计,全省湿地总面积为268.40万亩,占全省土地总面积的1.00%,在土地一级分类中的比例居第9位。从湿地构成来看,全省沿海滩涂是湿地主体,面积为223.54万亩,占湿地总面积的83.29%,内陆滩涂和红树林地次之,面积分别为28.02万亩和15.96万亩,分别占湿地总面积的10.44%和5.94%,如图1.30所示。

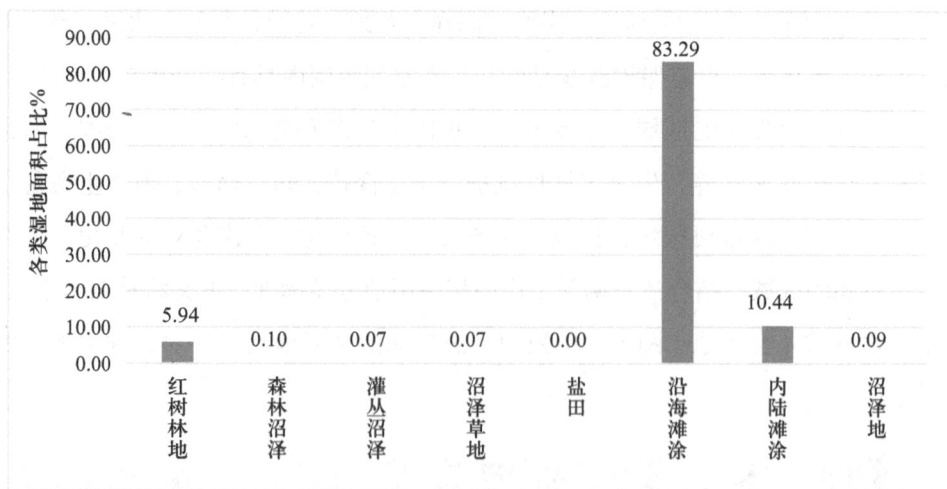

图 1.30　湿地结构图

2）湿地空间分布

从行政区划来看，湿地主要分布在湛江市、阳江市和江门市等地区。湛江市湿地面积最大，为 127.77 万亩，湿地面积占全省湿地面积的 47.61%；江门市次之，湿地面积为 26.52 万亩，占全省湿地面积的 9.88%；中山市和东莞市湿地面积最少，分别为 0.53 万亩和 0.38 万亩，湿地面积分别占全省湿地面积的 0.19% 和 0.14%，如图 1.31 所示。

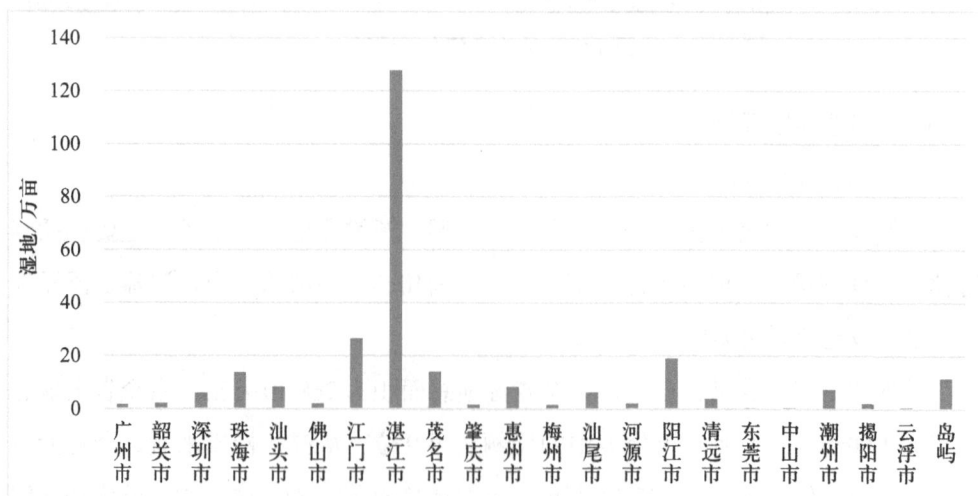

图 1.31　各市湿地统计图

从地理分布方位来看,湿地与红树林地主要集中分布在沿海经济带的西部区域。

从四大区来看,广东省的湿地大部分分布于粤西沿海区,湿地面积为160.88万亩,占全省湿地面积的59.94%。珠三角平原区的湿地面积第二,为61.16万亩,占全省湿地面积的22.79%。粤东沿海区的湿地面积为24.18万亩。粤西北山区的湿地面积最少,为10.57万亩,占全省湿地面积的3.94%,如图1.32所示。

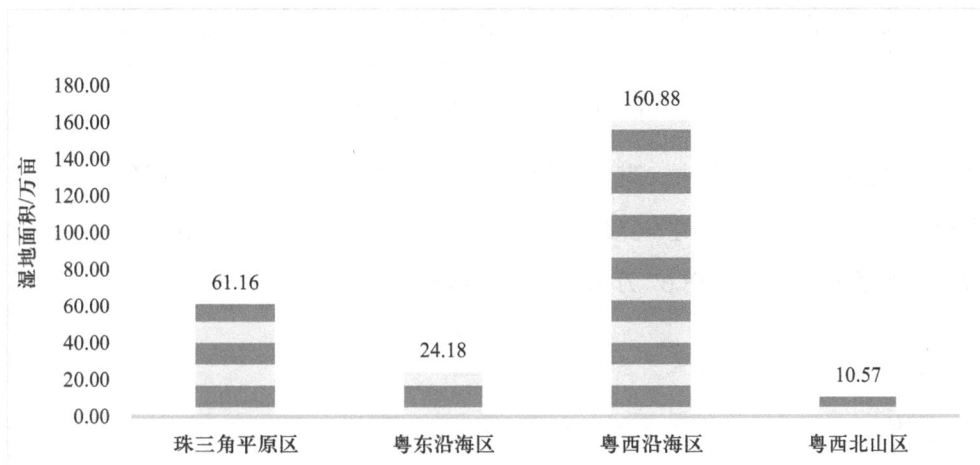

图1.32 四大分区湿地分布图

3)红树林地分布

广东省是全国红树林分布面积最大的省份,红树林资源十分丰富。从行政区划来看,红树林地主要分布在湛江市,面积为9.61万亩,占全省红树林地面积的60.23%。其次是江门市和阳江市,红树林地面积分别为1.63万亩和1.45万亩,分别占全省红树林地面积的10.20%和9.11%,如图1.33所示。

4)公约湿地分布

对照《湿地公约》定义和湿地分类国标,国土"三调"工作分类中,"三调"湿地和河流水面、湖泊水面、水库水面、库塘水面和沟渠(这部分地类统称"三调"水面)组成了除了"滨海湿地"的浅海水域部分外的几乎所有《湿地公约》定义的湿地类型,以下将这部分湿地简称"三调"公约湿地。

根据"三调"成果数据,全广东省"三调"公约湿地面积为2 235.81万亩。

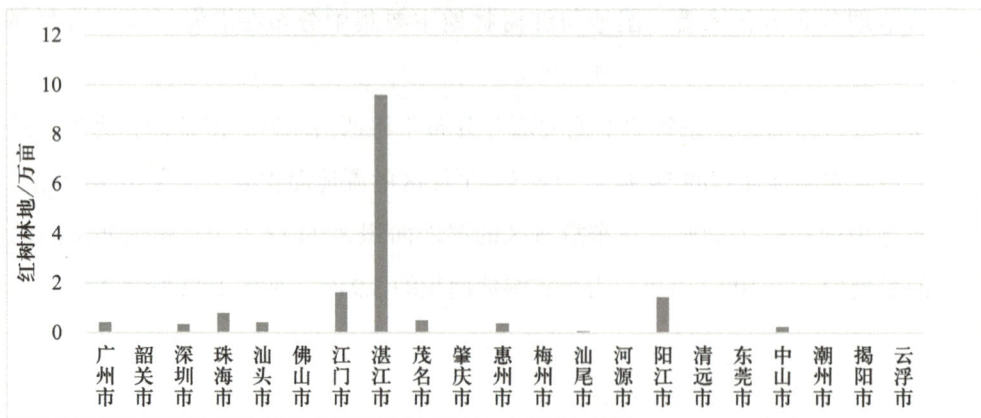

图 1.33　各市红树林地统计图

在 21 个地级市行政区划中，湛江市的"三调"公约湿地面积最大，面积为 320.99 万亩。江门市次之，"三调"公约湿地面积为 258.80 万亩。深圳市的"三调"公约湿地面积最少，面积为 18.67 万亩，如图 1.34 所示。

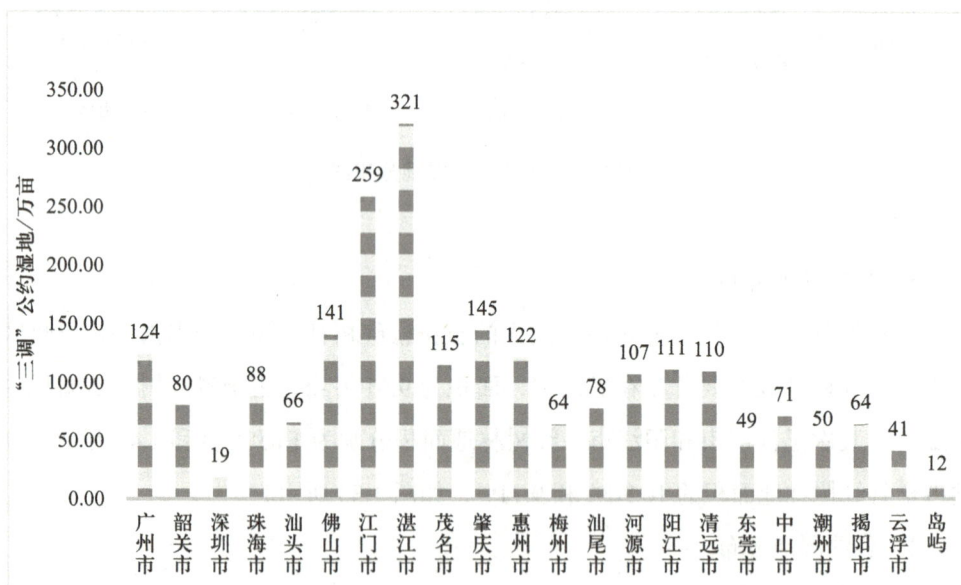

图 1.34　"三调"公约湿地分布情况

5）湿地现状特征

总结归纳可知全省湿地分布现状特征如下。

①湿地资源十分丰富。广东地处北热带、南亚热带地区，气候温暖湿润，海

岸线长，江河出海口众多，内陆地区分布着众多的湖泊、水库、河流、水塘，全省湿地总面积为 268.40 万亩，占全省土地利用总面积的 1.01%，在全部土地一级分类中的比例居第九位。

②全省湿地以沿海滩涂为主。沿海滩涂是湿地主体，占湿地总面积的 83.29%，内陆滩涂和红树林地次之，分别占湿地总面积的 10.44% 和 5.94%。

③湿地资源及红树林地资源集中分布在粤西沿海区。全省 47.61% 的湿地资源和 60.23% 的红树林地资源均位于湛江市，其次是江门市。

（2）林地利用现状

1）林地规模结构

林地中包括乔木林地、竹林地、灌木林地和其他林地 4 个二级土地利用类型。

根据"三调"成果数据统计，全省林地总面积为 16 188.80 万亩，占全省土地总面积的 60.03%，在土地一级分类中的比例居第一位。

在林地的二级地类结构中，乔木林地面积为 14 607.87 万亩，竹林地为 798.89 万亩，灌木林地为 210.55 万亩，其他林地为 571.48 万亩。全省林地构成主要以乔木林地和竹林地为主体，分别占全省林地面积的 90.23% 和 4.93%，其他林地次之，占全省林地的 3.53%，灌木林地最少，仅占 1.30%，如图 1.35 所示。

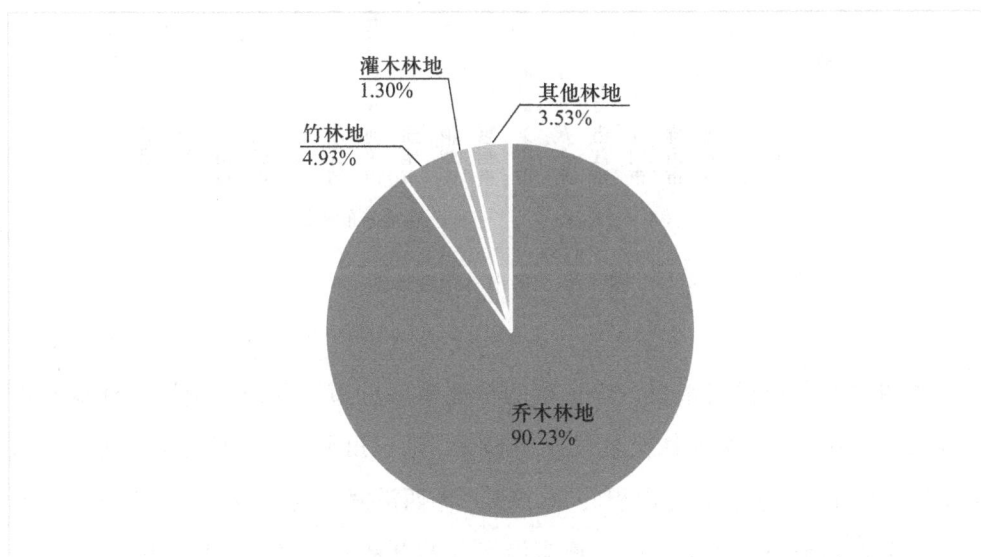

图 1.35　林地结构图

2）林地空间分布

从行政区划来看，林地主要分布在韶关市和清远市等地区。韶关市林地面积最大，为 2 184.62 万亩，林地面积占全省林地面积的 13.49%；清远市次之，林地面积为 2 160.41 万亩，占全省林地面积的 13.35%；东莞市和中山市林地面积最少，分别为 55.89 万亩和 46.11 万亩，分别占全省林地面积的 0.35% 和 0.28%。

从林地分布密度来看，全省林地分布密度为 60.03%。河源市和韶关市林地分布密度最大，达到 79.53% 和 79.10%，东莞市林地分布密度最小，为 15.14%。全省所辖七个市的土地利用结构中林地占比均超过五分之三，分别为韶关市、肇庆市、惠州市、梅州市、河源市、清远市、云浮市，如图 1.36 所示。

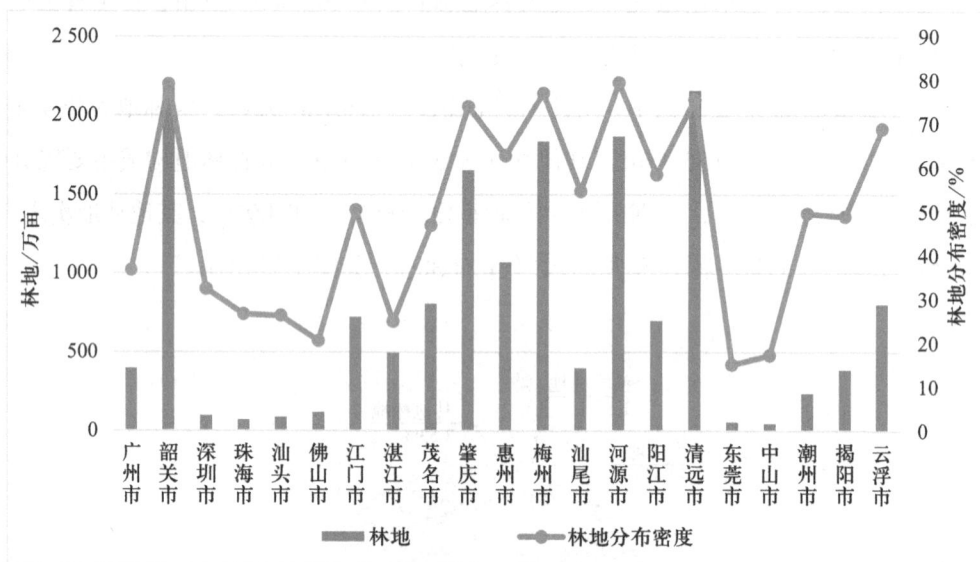

图 1.36　各市林地统计图

从四大区分布情况来看，广东省的林地主要分布于粤西北山区，林地面积为 8 852.32 万亩，占全省林地面积的 54.68%。珠三角平原区的林地面积第二，为 4 227.20 万亩，占全省林地面积的 26.11%。粤西沿海区的林地面积为 2 001.65 万亩，占全省林地面积的 12.36%。粤东沿海区的林地面积最少，为 1 107.30 万亩，占全省林地面积的 6.84%，如图 1.37 所示。

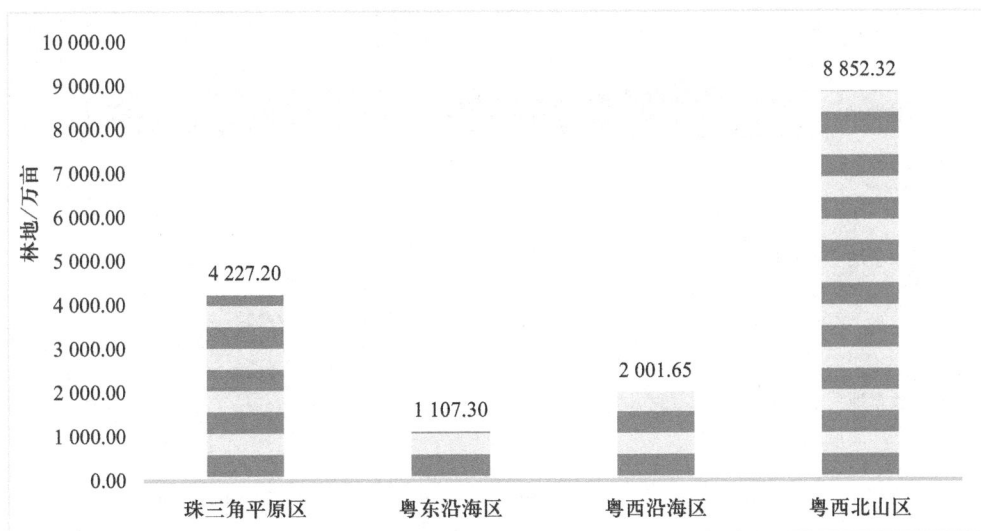

图 1.37　四大分区林地分布图

3）林地现状特征

总结归纳全省林地分布现状特征如下。

① 全省林地资源十分丰富。全省林地总面积为 16 188.80 万亩，占全省土地利用总面积的 60.03%，在全部土地一级分类中的比例居第一位。

② 全省林地以乔木林地为主。乔木林地占全省林地面积的 90.23%。

③ 林地分布范围广泛，且空间聚集特征明显。全省所辖市中的 7 个市的土地利用结构中林地占比均超过五分之三，林地主要集中分布于粤北区域。

（3）草地利用现状

1）草地规模结构

草地包括天然牧草地、人工牧草地、其他草地共 3 个二级土地利用类型。

根据"三调"成果数据统计，全省草地总面积为 357.65 万亩，占全省土地总面积的 1.33%。

在草地的二级地类结构中，天然牧草地的面积为 0.05 万亩，人工牧草地面积为 0.55 万亩，其他草地为 357.05 万亩。全省草地构成主要以其他草地为主体，占全省草地面积的 99.83%，人工牧草地和天然牧草地面积分别仅占全省草地面积的 0.15% 和 0.01%，如图 1.38 所示。

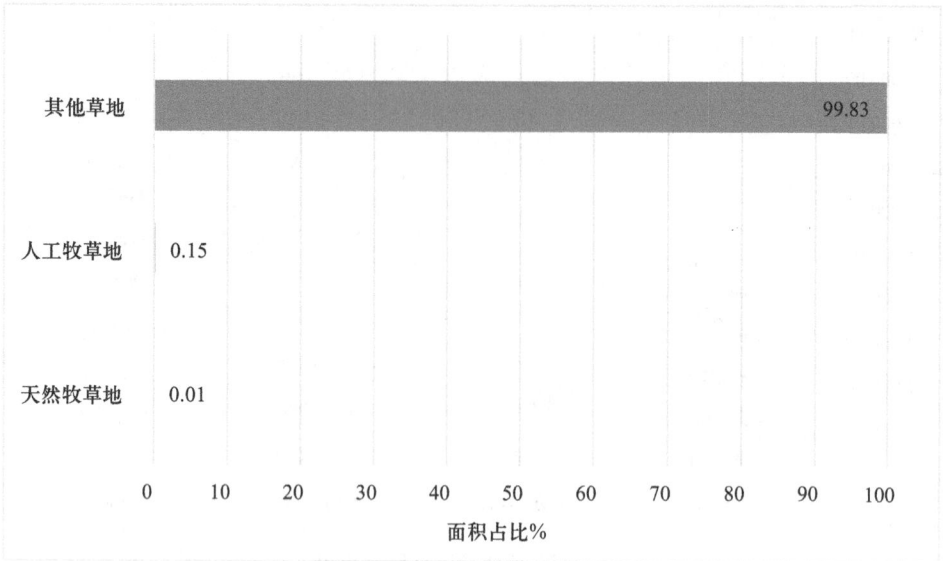

图 1.38　草地结构图

2）草地空间分布

从行政区划来看，草地主要分布在湛江市、清远市等地区。湛江市草地面积最大，为 42.91 万亩，草地面积占全省草地面积的 12.00%；清远市次之，草地面积为 31.42 万亩，占全省草地面积的 8.78%；深圳市和潮州市草地面积最少，分别为 5.99 万亩和 4.85 万亩，分别占全省草地面积的 1.68% 和 1.36%。从草地分布密度来看，全省草地分布密度为 1.33%。东莞市和珠海市草地分布密度最大，达到 3.15% 和 3.19%，如图 1.39 所示。

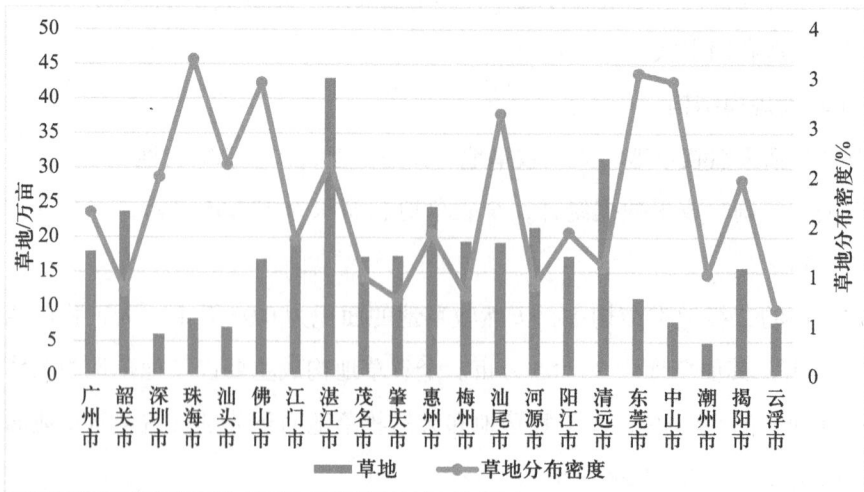

图 1.39　各市草地统计图

从四大区的分布情况来看，广东省的草地主要分布于珠三角平原区，草地面积为 129.70 万亩，占全省草地面积的 36.26%。粤西北山区的草地面积第二，为 103.78 万亩，占全省草地面积的 29.02%。粤西沿海区的草地面积为 77.39 万亩，占全省草地面积的 21.64%。粤东沿海区的草地面积最少，为 46.78 万亩，占全省草地面积的 13.08%，如图 1.40 所示。

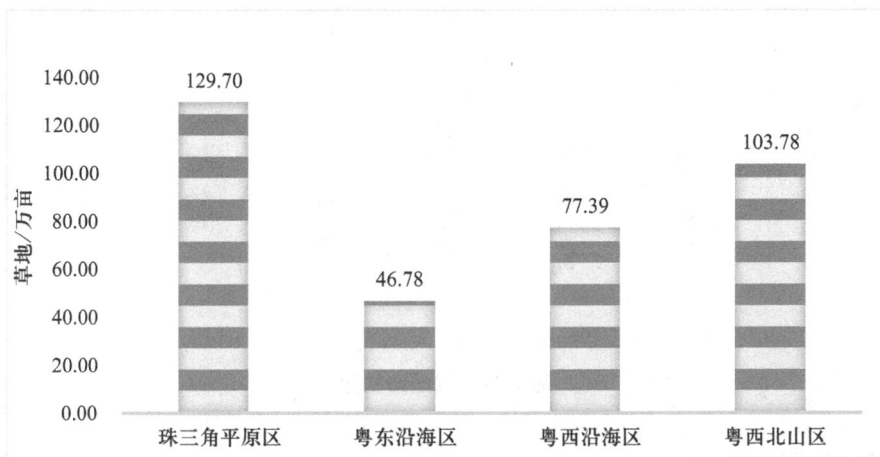

图 1.40　四大分区草地分布图

3）草地现状特征

总结归纳全省草地分布现状特征如下。

①全省草地资源较少。草地总面积为 357.65 万亩，占全省土地总面积的 1.33%。

②全省草地以其他草地为主体。其他草地占全省草地面积的 99.83%。

③草地分布较分散，呈现零星分布的特征。全省的草地大部分分布在粤西沿海区和粤西北山区。

（4）水域利用现状

按照国家下发的"三调"地类分类标准，水域主要包含河流水面、湖泊水面、水库水面、坑塘水面、沟渠、冰川及永久冰雪等二级土地利用类型。

1）水域规模结构

根据"三调"成果数据统计，全省水域总面积为 1 967.41 万亩，占全省土地总面积的 7.30%。

在水域的二级地类结构中，坑塘水面是水域主体，面积为 1 024.42 万亩，占全省水域面积的 52.07%。河流水面次之，面积为 499.90 万亩，占全省水域面积的 25.41%。湖泊水面最少，面积为 2.11 万亩，仅占全省水域面积的 0.11%。广东省的水域结构中无冰川及永久冰雪，如图 1.41 所示。

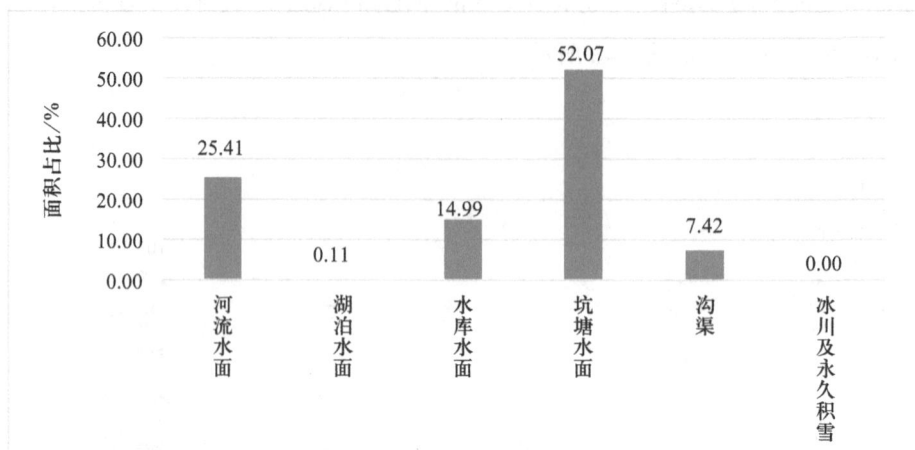

图 1.41　水域结构图

2）水域空间分布

从行政区划来看，水域主要分布在江门市和湛江市地区。江门市水域面积最大，为 232.28 万亩，占全省水域面积的 11.81%；湛江市次之，水域面积为 193.21 万亩，占全省水域面积的 9.82%；云浮市和深圳市水域面积最少，分别占全省水域面积的 2.05% 和 0.64%，如图 1.42 所示。

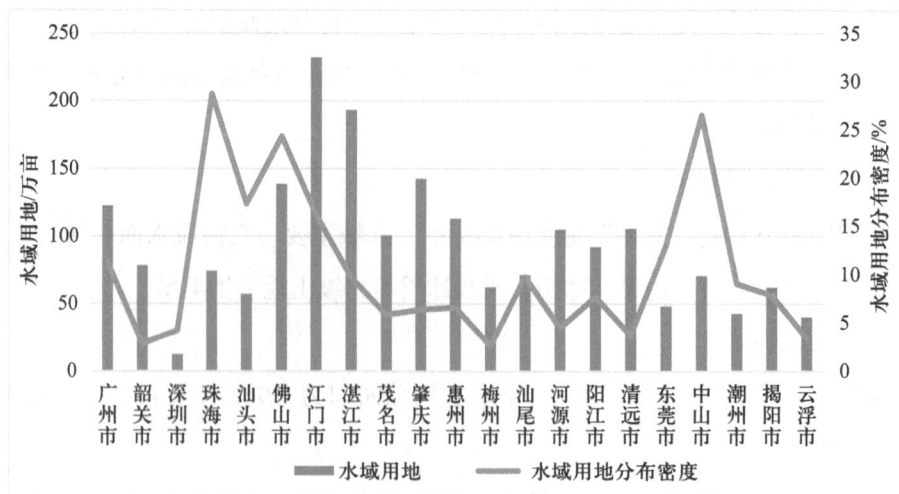

图 1.42　各市水域统计图

从四大区的分布情况来看，广东省的水域主要分布于珠三角平原区，面积为955.49万亩，占全省水域面积的48.57%。粤西北山区的水域面积第二，为391.90万亩，占全省水域面积的19.92%。粤西沿海区的水域面积为386.11万亩，占全省水域面积的19.63%。粤东沿海区的水域面积最少，为233.92万亩，占全省水域面积的11.89%，如图1.43所示。

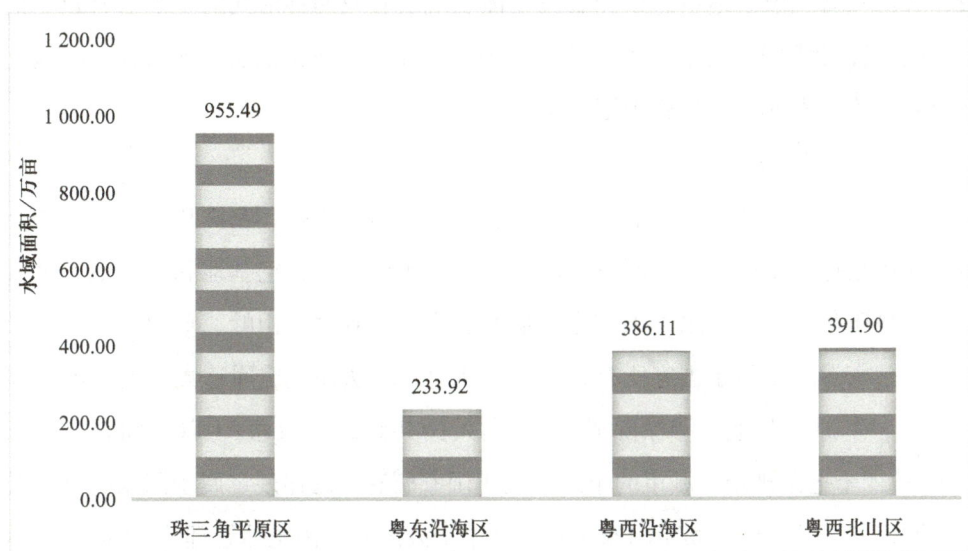

图1.43 土地利用分区水域分布图

3）水域现状特征

总结归纳全省水域分布现状特征如下。

①全省水域总量大。水域总面积为1 967.41万亩，占全省土地总面积7.30%。

②全省水域以坑塘水面为主体。坑塘水面占全省水域面积的52.07%，河流水面次之，占全省水域面积的25.41%。

③水域分布空间聚集特征不明显，各区域的水域分布较为平均。珠海市、佛山市和中山市等珠三角部分地区水域分布密度较大，分别达到了28.72%、24.35%和26.52%。

1.2.2.4 土地权属现状

土地权属是土地的所有权及由其派生出来的土地占有、使用和收益权的统称。土地所有权是指土地所有者依法对土地占用、使用、收益、处分的权利。土地所有权是支配性和绝对性的权利，是土地所有制在法律上的体现。《中华人民共和国宪法》（以下简称《宪法》）第六条规定：中华人民共和国的社会主义经济制度的基础是生产资料的社会主义公有制，即全民所有制和劳动群众集体所有制。我国实行土地的社会主义公有制，具体表现为两种形式，即全民所有制和劳动群众集体所有制，反映在所有权上即国家土地所有权和农民集体土地所有权。也就是说，我国只有国家土地所有权和农民集体土地所有权两种形式的土地所有权。根据《宪法》，我国实行土地的社会主义公有制，不存在土地的私人所有权。我国土地所有权的主体只能为国家或农民集体。

（1）国家土地所有权

依照《宪法》第十条规定：城市的土地属于国家所有。农村和城市郊区的土地，除由法律规定属于国家所有的以外，属于集体所有；宅基地和自留地、自留山，也属于集体所有。第九条规定：矿藏、水流、森林、山岭、草原、荒地、滩涂等自然资源，都属于国家所有，即全民所有；由法律规定属于集体所有的森林和山岭、草原、荒地、滩涂除外。《中华人民共和国物权法》（以下简称《物权法》）第四十七条规定：城市的土地，属于国家所有。法律规定属于国家所有的农村和城市郊区的土地，属于国家所有"。《中华人民共和国土地管理法》（以下简称《土地管理法》）（图 1.44）第九条规定：城市市区的土地属于国家所有。农村和城市郊区的土地，除由法律规定属于国家所有的以外，属于农民集体所有。即国家土地的所有权在于国家。

根据《物权法》第四十五条规定：法律规定属于国家所有的财产，属于国家所有即全民所有。国有财产由国务院代表国家行使所有权。《土地管理法》第二条规定：中华人民共和国实行土地的社会主义公有制，即全民所有制和劳动群众集体所有制。全民所有，即国家所有土地的所有权由国务院代表国家行使。因此，我国国家土地所有权由国务院代表国家行使。

（2）集体土地所有权

《宪法》第十条规定：农村和城市郊区的土地，除由法律规定属于国家所有的以外，属于集体所有。《物权法》第五十八条明确，法律规定属于集体所有的土地和森林、山岭、草原、荒地、滩涂为集体所有。《土地管理法》第九条规定：农村和城市郊区的土地，除由法律规定属于国家所有的以外，属于农民集体所有；宅

图 1.44 《中华人民共和国土地管理法》

基地和自留地、自留山，属于农民集体所有。这一条是关于国家和农民集体所有土地范围的规定。根据这一条规定，农民集体所有土地的范围为：一是除由法律规定属于国家所有以外的农村和城市郊区的土地。也就是说，农村和城市郊区的土地原则上属于集体所有。二是宅基地和自留地、自留山。

《土地管理法》第十一条规定：农民集体所有的土地依法属于村农民集体所有的，由村集体经济组织或者村民委员会经营、管理；已经分别属于村内两个以上农村集体经济组织的农民集体所有的，由村内各该农村集体经济组织或者村民小组经营、管理；已经属于乡（镇）农民集体所有的，由乡（镇）农村集体经济组织经营、管理。这一规定实际上是以法律的形式，继续维持了我国广大农村以往实行的"三级所有，队为基础"的农民集体所有土地的基本形式，使得党在农村的政策具有连续性和稳定性，进而保护和调动广大农民的积极性。

土地所有权是广东省土地资源的重要属性之一，本书所讨论土地权属主要为土地所有权，包含国有用地和集体用地两类。按三大类来看，全省国有用地面积占比达 18.44%，而集体用地面积则高达 81.56%，其中国有用地面积最大地级市为湛江市，共计 591.80 万亩，集体用地面积最大的地级市为清远市，面积高达

2 516.81 万亩。农用地面积中国有用地仅仅 2 766.46 万亩，湛江市面积最大，而集体用地则高达 20 025.74 万亩，占农用地总面积的八成以上，其中韶关市面积最大；建设用地中国有用地占比达 46.07%，其中广州市面积最大，而集体用地占比为 53.93%，湛江市面积最大；未利用地中集体用地仅占 29.11%，而国有用地占比则高达七成以上，湛江市两种权属类型的未利用地面积均是全省最大的地级市，如表 1.22 所列。

表 1.22　各市三大类权属面积统计表

万亩

行政区	总面积		农用地		建设用地		未利用地	
	国有	集体	国有	集体	国有	集体	国有	集体
广州市	378.09	707.68	140.38	597.54	182.77	99.60	54.93	10.54
韶关市	274.73	2 487.17	194.86	2 383.38	50.06	75.63	29.81	28.16
深圳市	297.96	0.00	130.98	0.00	153.51	0.00	13.47	0.00
珠海市	189.88	68.87	96.58	58.00	57.58	7.42	35.72	3.45
汕头市	108.42	222.22	40.50	164.46	42.00	53.04	25.92	4.72
佛山市	224.24	345.43	51.51	235.89	130.44	96.64	42.29	12.90
江门市	403.66	1 026.62	252.12	934.61	83.51	75.34	68.03	16.67
湛江市	591.80	1 397.76	368.49	1 191.56	76.76	163.21	146.55	42.99
茂名市	232.13	1 485.55	147.38	1 321.80	51.71	148.73	33.05	15.02
肇庆市	356.94	1 876.77	248.21	1 779.36	63.03	82.68	45.70	14.72
惠州市	329.09	1 373.46	185.65	1 272.91	101.64	80.42	41.80	20.14
梅州市	149.25	2 230.43	68.48	2 101.08	51.71	109.25	29.06	20.09
汕尾市	139.46	590.30	84.82	543.04	31.73	29.37	22.91	17.89
河源市	231.66	2 116.38	165.60	2 017.48	39.00	74.74	27.06	24.16
阳江市	185.69	1 009.33	119.88	924.53	31.07	63.39	34.73	21.41
清远市	338.51	2 516.81	238.05	2 380.59	54.92	103.39	45.55	32.83
东莞市	133.08	235.98	33.91	103.57	74.61	122.89	24.55	9.52
中山市	102.80	164.35	17.00	116.21	58.99	42.83	26.81	5.30
潮州市	61.50	412.48	35.10	351.20	11.06	53.30	15.35	7.98
揭阳市	91.02	698.90	50.64	587.56	23.51	96.14	16.86	15.20
云浮市	139.38	1 028.40	96.00	960.97	29.94	60.48	13.43	6.94

续表 1.22

行政区	总面积		农用地		建设用地		未利用地	
	国有	集体	国有	集体	国有	集体	国有	集体
岛屿	11.99	0.00	0.33	0.00	0.00	0.00	11.65	0.00
广东省	4 971.27	21 994.88	2 766.46	20 025.74	1 399.56	1 638.50	805.25	330.64

本章基于全省"三调"国家更新成果，依据"三调"工作土地利用分类标准，汇总主要地类规模、结构与分布，分析全省土地利用现状特征，掌握全省土地资源概况。

1.2.3 土地利用经济效益

土地利用经济效益是土地利用现状价值的最好体现。本小节将从土地利用综合经济效益、建设用地利用经济效益、农用地利用经济效益等方面展开介绍全省土地利用现状的经济效益情况。

1.2.3.1 土地利用综合经济效益

全省目前共有土地 26 966.15 万亩，除去未利用地外，已利用 25 830.26 万亩，生产了 107 604.61 亿元的 GDP 总量，其中已利用土地平均每万亩土地生产 4.17 亿元的 GDP。全省 21 个地级市中，已利用土地地均 GDP 超过每万亩 10 亿元的城市均分布在珠三角平原区，分别为广州市、深圳市、珠海市、佛山市、东莞市、中山市六个地级市，其中深圳市以 284.49 万亩的已利用土地创造了全省最高的已利用土地地均 GDP，为每万亩土地 94.49 亿元。而全省内已利用土地地均 GDP 低于每万亩 1 亿元的城市主要分布在粤西北山区，分别为韶关市、梅州市、河源市、清远市和云浮市五个地级市，其中河源市的已利用土地地均 GDP 最低，为每万亩土地 0.47 亿元，如表 1.23 所列。

表 1.23 各市土地利用综合经济效益

行政区	土地总面积 / 万亩	已利用面积 / 万亩	GDP 总量 / 亿元	全部土地地均 GDP/ 亿元·万亩$^{-1}$	已利用土地地均 GDP/ 亿元·万亩$^{-1}$
广州市	1 085.77	1 020.29	23 628.60	21.76	23.16
韶关市	2 761.90	2 703.93	1 318.41	0.48	0.49
深圳市	297.96	284.49	26 880.29	90.21	94.49

行政区	土地总面积 / 万亩	已利用面积 / 万亩	GDP 总量 / 亿元	全部土地地均GDP/ 亿元·万亩$^{-1}$	已利用土地地均GDP/ 亿元·万亩$^{-1}$
珠海市	258.75	219.59	3 435.89	13.28	15.65
汕头市	330.63	300.00	2 688.30	8.13	8.96
佛山市	569.67	514.47	10 750.60	18.87	20.90
江门市	1 430.28	1 345.58	3 146.64	2.20	2.34
湛江市	1 989.56	1 800.02	3 064.61	1.54	1.70
茂名市	1 717.69	1 669.62	3 252.34	1.89	1.95
肇庆市	2 233.71	2 173.29	2 246.87	1.01	1.03
惠州市	1 702.55	1 640.62	4 176.48	2.45	2.55
梅州市	2 379.68	2 330.52	1 187.06	0.50	0.51
汕尾市	729.75	688.95	1 080.30	1.48	1.57
河源市	2 348.04	2 296.82	1 079.87	0.46	0.47
阳江市	1 195.02	1 138.87	1 288.31	1.08	1.13
清远市	2 855.32	2 776.94	1 695.21	0.59	0.61
东莞市	369.06	334.98	9 482.50	25.69	28.31
中山市	267.15	235.03	3 101.10	11.61	13.19
潮州市	473.98	450.66	1 080.15	2.28	2.40
揭阳市	789.91	757.85	2 101.26	2.66	2.77
云浮市	1 167.77	1 147.40	919.83	0.79	0.80
合计	26 966.15	25 830.26	107 604.61	3.99	4.17

1.2.3.2 建设用地利用经济效益

全省共有建设用地 3 038.06 万亩，二、三产业总计贡献了 103 284.5 亿元的产业总值，平均每万亩建设用地产生 34 亿元的二、三产业产值。全省各地级市中，建设用地地均二、三产业产值超过每万亩 40 亿元的城市均分布在珠三角平原区，分别为广州市、深圳市、珠海市、佛山市、东莞市五个地级市，其中深圳市以 153.51 万亩的建设用地创造了全省最高的建设用地地均二、三产业产值，为每万亩建设用地 175.04 亿元。而全省内建设用地地均二、三产业产值低于每万亩 10 亿元的城市主要分布在粤西北山区，分别为韶关市、梅州市、河源市、清远市和云浮市五个地级市，其中梅州市的建筑用地地均二、三产业产值最低，为每万亩 6.02 亿元，如表 1.24 所列。

表 1.24　各市建设用地利用经济效益

行政区	二、三产业产值 / 亿元	建设用地面积 / 万亩	建设用地地均 二、三产业产值亿元·万亩$^{-1}$
广州市	23 377.22	282.37	82.79
韶关市	1 144.00	125.69	9.10
深圳市	26 870.15	153.51	175.04
珠海市	3 378.52	65.01	51.97
汕头市	2 567.47	95.04	27.01
佛山市	10 594.10	227.08	46.65
江门市	2 892.41	158.85	18.21
湛江市	2 479.48	239.97	10.33
茂名市	2 670.78	200.44	13.32
肇庆市	1 862.68	145.72	12.78
惠州市	3 971.91	182.06	21.82
梅州市	968.94	160.96	6.02
汕尾市	928.03	61.10	15.19
河源市	958.86	113.73	8.43
阳江市	1 045.13	94.46	11.06
清远市	1 434.64	158.31	9.06
东莞市	9 454.02	197.50	47.87
中山市	3 038.50	101.82	29.84
潮州市	982.87	64.36	15.27
揭阳市	1 915.19	119.65	16.01
云浮市	749.60	90.43	8.29
合计	103 284.50	3 038.06	34.00

1.2.3.3　农用地利用经济效益

全省共有农用地 22 791.87 万亩，总计创造 4 320.12 亿元的第一产业产值，平均每万亩农用地贡献 0.19 亿元的第一产业产值。全省各地级市中，农用地地均第一产业产值超过 0.3 亿元每万亩的城市分布在珠三角平原区、粤西沿海区和粤东沿海区，分别为广州市、珠海市、汕头山、佛山市、湛江市、茂名市、中山市七个地级市，其中汕头市以总计 204.95 万亩的农用地贡献了 120.83 亿元的第一产业产值，其农用地地均第一产业产值最高，为每万亩 0.59 亿元。而全省内农用地地均第一产业产值低于 0.19 亿元的城市主要分布在粤西北山区，分别为韶关市、深圳市、惠州市、梅州市、河源市、清远市、云浮市七个地级市，其中韶关市以总计 2 578.24 万亩的农用地创造 174.41 亿元的第一产业产值，其农用地地均第一产业产值全省最低，为每万亩 0.07 亿元，如表 1.25 所列。

表 1.25　各市农用地利用经济效益

行政区	第一产业产值 / 亿元	农用地面积 / 万亩	农用地地均 第一产业产值 / 亿元 / 万亩
广州市	251.37	737.93	0.34
韶关市	174.41	2 578.24	0.07
深圳市	10.14	130.98	0.08
珠海市	57.36	154.58	0.37
汕头市	120.83	204.95	0.59
佛山市	156.50	287.40	0.54
江门市	254.23	1 186.73	0.21
湛江市	585.13	1 560.05	0.38
茂名市	581.56	1 469.17	0.40
肇庆市	384.19	2 027.57	0.19
惠州市	204.57	1 458.56	0.14
梅州市	218.12	1 458.56	0.15
汕尾市	152.27	627.85	0.24
河源市	121.01	2 183.08	0.06
阳江市	243.18	1 044.41	0.23
清远市	260.57	2 618.63	0.10
东莞市	28.48	137.48	0.21
中山市	62.60	133.21	0.47
潮州市	97.29	386.29	0.25
揭阳市	186.07	638.20	0.29
云浮市	170.23	1 056.97	0.16
合计	4 320.12	22 791.87	0.19

第二章 模拟研究方法综述

2.1 土地利用变化与城市扩张模拟研究

土地利用结构，即各类土地依照利用方式被利用分类的比例。社会经济条件下，人类对土地资源开发利用的方式和不同土地利用结构的深度在不断变化。由于土地区位导致自然条件不同也会导致土地利用结构的差异，土地利用结构也可以一定程度上反应一段时期区域内的土地利用情况。

城市是人类生产生活的重要地理实体，对城市扩展进行模拟已经成为土地利用／土地覆被变化（Land Use and Land Cover Change，LUCC）的一个热点问题。土地利用扩张模拟通常需要围绕数量变化和空间变化两个角度进行讨论，因而相关模拟方法可分为用于模拟各土地利用类型数量变化的数量模型和用于模拟各土地利用类型空间格局分布变化的空间模型。总的来说，模拟区域土地利用／土地覆盖变化的模型应包括数量结构预测和空间格局模拟以及数量结构与空间结构耦合模拟这三大类。

2.1.1 土地利用数量结构模拟

土地利用的数量变化，指的是各种类型土地的变化幅度和变化率。变化幅度主要体现在不同土地利用类型面积的变化，面积变化主要体现在土地总量变化和结构变化。研究区域内的土地利用数量变化可以了解土地未来一段时间内的变化趋势和方向。土地利用动态变化率包括两种，一种是单一土地利用动态变化，反映了一段时间区域内各类型土地的数量变动的快慢和变化方向；另一种是综合土地利用动态度，反应土地类型变化的整体情况。

数量模型注重以各土地利用类型数量变化过程及其相互关系为依据，可以充分使用多种数学模型、经济学模型或者不同假设条件下的估算完成总量变化的模拟。目前，有许多用于估计土地利用需求的非空间模型，其中回归分析模型、时间序列函数方法、灰色预测 GM（1，1）、系统动力学（SD）、Markov 模型、情景模拟、人工神经网络等模型应用广泛。

回归预测模型的计算相对简单，主要缺陷在于其结构和参数必须人为主观确定，不一定能有效地拟合数据本身的内在规律。Markov 模型适用于随机过程，要求土地利用数据的变化具有平稳性，所以在进行土地利用数量预测研究中，该模型的应用有一定的局限性。系统动力学是一种利用存量、流量、内部反馈回路和时间延迟对复杂系统随时间变化的非线性行为进行建模的有效方法，能够较好地解决城市本身所具有的复杂社会经济系统的特性，探讨城市发展的结构特征和运行机制，从宏观上反映土地系统的复杂演化，是进行土地系统情景模拟的良好工具。基于深度学习的变化检测算法与传统方法相比有更好的性能。深度学习技术可自动地学习变化特征，能够克服传统变化检测方法中稳健性差、特征提取能力差等缺陷，可以为土地利用现状年度变化监测提供新的方法。

2.1.2　土地利用空间格局模拟

土地利用空间变化，指的是在某个区域内，不同土地利用类型的空间位置及相互间组合而形成的一定空间关系，并一直处于动态变化的过程当中，空间变化既受人类改造土地、经济发展水平和科学技术水平的影响也受自然因素影响。土地有限性和土地利用的不合理性导致土地资源稀缺，土地分配的目的在于找到某种科学合理的土地利用方式和土地适宜性，社会和经济适合性等。因此，从错综复杂的地类斑块中发现其空间分布规律是土地利用空间变化研究的关键。通过土地利用空间变化的研究，可以把握土地利用结构，发现区域内土地资源的特点和优劣势，判断土地利用是否合理，从而为可持续开发利用土地提供依据，并为土地利用空间格局演化研究打下基础。

土地利用空间格局的演化模拟可定量地从空间尺度揭示区域土地利用变化的驱动因素，更加全面地研究土地利用与土地覆被变化全过程，是厘清未来时期内土地变化的重要途径，目前元胞自动机是模拟土地利用空间格局演化的主要方法之一。

元胞自动机（Cellular Automata，CA）模型是未来城市扩张模拟研究中使用最广泛的模型之一，它"自下而上"的研究思想，强大的计算功能、高度动态特征，使得在模拟空间复杂系统的时空演变方面具有很强的能力。

元胞自动机模型最初是在 20 世纪 40 年代末被 S.Ulan 和 J.von Neumann 提出，最早被用于模拟生命系统的繁殖演化，其后在生物、物理过程的演化模拟研究方面发挥着重要的作用。而其在地理学中的应用最早可追溯到 20 世纪 60 年代，Hagerstrand 在将元胞自动机思想用于空间扩散模型研究中；1968 年美国北卡莱罗纳州大学的 Chapin 和 Weiss 采用离散动力学模型成功模拟了土地利用类型间的转化过程；20 世纪 70 年代，Waldo Tobler 认识到 CA 模型在地理复杂现象模拟方面的优势，首次正式利用元胞自动机概念来模拟美国底特律地区的土地利用动态变化；进入 20 世纪 80 年代，元胞自动机在地理学中的应用和理论研究得到不断发展，Helen Couclelis 从理论上论述了元胞自动机应用于城市扩展方面的潜力，认为在城市发展政策和城市发展模拟过程中的不确定性决定了要用 CA 模型来进行建模，这一论述引起了人们开展城市 CA 建模的极大兴趣，奠定了元胞自动机模型在地理学应用的理论基础。发展到 20 世纪 90 年代，元胞自动机在地理学上得到了的应用和发展，被广泛地应用于土地利用及地貌演化、城市增长及扩散等地理学的诸多领域，成为地理研究和空间分析的热点课题。长期以来，大量研究工作证实了 CA 模型在描述复杂城市景观演变过程的能力。White 和 Engelen 成功模拟了美国 Cincinnati 市的城市增长中的土地利用变化；Ichiro Embutsu, Michael F. Goodchild 等人利用元胞自动机模型成功地模拟了城市热岛效应；Batty 和 Xie 从生物学的 CA 中得到启发，提出了城市发展动态模型（Dynamic Urban Evolution Model, DUEM），用来模拟城市的演化；Bessusi 等基于 CA 模型，成功模拟了意大利东北部城市的扩张现象，并首次将 CA 模型成功地运用于城市规划的实践当中。

国内元胞自动机研究起步较晚，20 世纪 90 年代末地理学界才开始尝试研究，主要集中在基于元胞自动机的 LUCC 和城市增长模拟。周成虎等人于 20 世纪 90 年代初期在《地理元胞自动机研究》等著作中率先引入了元胞自动机这一概念，开创了国内 CA 领域研究的先河。在之后的研究中，将案例推理、智能体、神经网络以及主成分分析等应用于元胞自动机模型以获取模型参数，取得了众多研究成果。从研究进展来看，最初研究大多集中于单个元胞自身特征进行转换规则的获取（如自然环境、社会经济条件）；后来考虑到元胞会受到周围要素的影响，加入空间结构进行转换规则的提取（如城市之间的相互作用）；到现在在模拟城市扩张过程中引入智能体思想，将个人决策行为纳入 CA 分析框架，将土地单元使用权所有者作为 Agent，用于解释 CA 模型中以随机数体现的不确定性。

总的来说，在城市空间扩展模拟方面，元胞自动机作为理解复杂地理现象的有效工具，能够将空间和时间的驱动力纳入城市模拟中，在相关城市模拟研究中得到了广泛的应用。在过去的几十年中，元胞自动机在城市扩张中的应用日益成熟，已有许多基于空间区位因素和社会经济因素的土地利用变化预测模型，如 GEOMOD、IMAGE、CLUE、LTM、LANDSCAPE、CLUMondo、SimLand、UrbanSim、SprawlSim、SLEUTH、FLUS 等，这些模型已广泛应用于国家、城市群、省和城市多个尺度的土地利用情景模拟。相比于其他模型，CA 在模拟城市演变规律时具有显著的特点，其灵活的框架使得这些模型能够代表复杂的城市扩张过程，并将空间和时间的驱动力纳入城市模拟中。例如，FLUS 模型有效地对复杂地理空间现状环境及变化过程进行模拟和优化，解决了传统元胞自动机中确定转换规则及参数等复杂问题，能够更精确地模拟在自然以及人类活动影响下的土地利用变化。

2.1.3 数量结构和空间格局耦合模拟

土地利用数量结构模型（如系统动力学、Markov 模型等）是一种自上而下的宏观数量模型，能够从时间维度分析土地利用变化的驱动机制和变化趋势，但在反映土地利用空间格局特征方面还存在明显不足，需要与其他具有空间模拟能力的模型结合才能进行土地利用时空动态模拟。其中，系统动力学（SD）模型能够从宏观上描述复杂系统动态行为与结构功能之间的相互作用关系，从而考查系统在不同情景下的变化行为和趋势，提供决策支持，是进行土地利用情景模拟的良好工具。

元胞自动机模型具有强大的空间集成和并行计算能力，能够提供时空动态模拟运算框架，可以有效地模拟复杂的动态系统，反映土地利用空间复杂系统的时空动态演变。但是，作为一种自下而上的模型方式，元胞自动机模型主要着眼于单元的局部相互作用，单元状态变化主要取决于自身和邻居单元的状态组合。尽管它可以在一定程度上反映土地利用系统的复杂行为，但对影响土地利用变化的社会、经济等驱动因素往往难以有效反映。

因此，从宏观用地总量需求和微观土地供给相平衡的角度，综合耦合自上而下的土地利用数量结构模拟模型和自下而上的土地利用空间格局模拟模型，能够充分发挥前者在宏观驱动因素反映上的优势和后者在微观土地利用空间格局体现上的优势，将土地利用数量表达延续到空间布局中，能够更加有效、直观地展现土地利用结果。

目前，最为常用的是将多个模型耦合来进行土地利用演变的模拟预测，主要有 ANN–CA 模型、CA–Markov 模型、ANN–CA–Markov 模型、Logistic–CA 模型等，这种将数量预测模型和空间模型进行耦合的综合预测模型能更好地展示土地利用的数量信息和空间位置信息。

2.2　元胞自动机

复杂地理过程往往不是简单的线性关系，无法用单一要素进行解释，而模拟和重建复杂地理现象对于丰富地理理论模型和理解地理动态过程具有重要意义。

元胞自动机（Cellular Automata，CA）是一种空间、时间离散，通过局部规则获得全局涌现特征的动力学模型，已被应用于诸多地理格局和过程的建模、模拟及预测。元胞自动机模型不同于微分方程或物理模型从宏观上描述空间现象的传统方法，它不是一系列数学函数，没有明确的方程形式，而是包含了一系列模型构造的规则，凡是满足这些规则的模型都可以算作是元胞自动机模型。因此，可以说 CA 是一类模型的总称、或者称作一个方法框架，构成条件较为宽松、模糊，具有很好的开放性和灵活性。

在自然系统建模方面，元胞自动机具有以下优点：①元胞自动机中，物理和计算过程之间的联系是非常清晰的；②元胞自动机能用比数学方程更为简单的局部规则产生更为复杂的结果；③元胞自动机利用计算机进行建模能够有效规避精度损失；④元胞自动机能够模拟任何可能的自然系统行为；⑤元胞自动机不能再约简。

最早研究细胞自动机的科学家是冯·诺伊曼。后来英国数学家约翰·何顿·康威给出了有趣的二维细胞自动机程序：生命游戏。生命游戏属于二维细胞自动机的一种（又称二维元胞自动机）。每一个格子都可以看成一个生命体，每个生命都有生和死两种状态，每一个格子旁边都有邻居格子存在，比如把 3×3 的 9 个格子构成的正方形看成一个基本单位的话，那么这个正方形中心的格子的邻居就是它旁边的 8 个格子（至多 8 个）。每个格子的生死遵循下面的原则：①如果一个细胞周围有 3 个细胞为生，则该细胞为生（一个细胞周围至多有 8 个细胞，当前细胞若原先为死，则转为生，若原先为生，则保持不变）；②如果一个细胞周围有 2 个细胞为生，则该细胞的生死状态保持不变；③在其他情况下，该细胞为死（即该细胞若原先为生，则转为死，若原先为死，则保持不变），如图 2.1 所示。

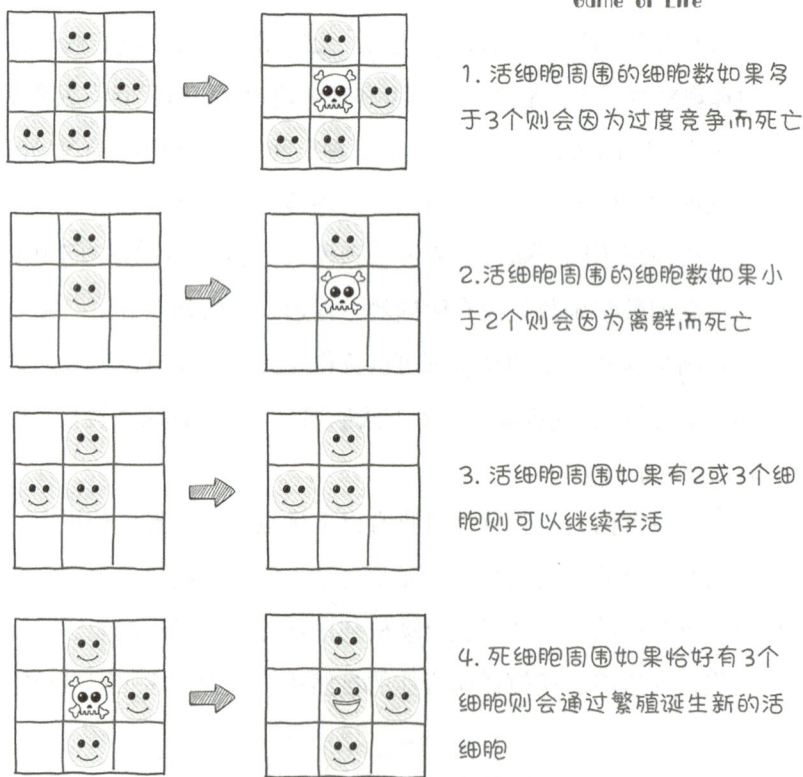

图 2.1　元胞自动机生命游戏示例（来源：集智俱乐部）

人工生命之父克里斯·朗顿进一步发展了元胞自动机理论。并认为具有 8 个有限状态集合的自动机就能够涌现出生命体的自复制功能。他根据不同系统的演化函数 f，找到了一个参数 lambda 用以描述 f 的复杂性，得出了结论：只有当 lambda 比混沌状态的 lambda 相差很小的时候，复杂的生命活系统才会诞生。因此，朗顿称生命诞生于"混沌的边缘"，并从此开辟了"人工生命"这一新兴的交叉学科，如今细胞自动机已经在地理学、经济学、计算机科学等领域得到了非常广泛的应用。

元胞自动机在地理学中的核心并不是描述和解释各种地理现象的复杂特征，而是模拟和预测复杂的地理过程，这正是揭示地理学本质规律的关键。元胞自动机中空间关系的表达是通过三个层面来体现的：元胞、状态和元胞空间，邻居关系和元胞状态转移规则。

2.2.1 元胞、状态和元胞空间

元胞自动机最基本的组成单元通常叫作元胞（Cell）。元胞以离散、有限的状态分布在离散的一维、二维或多维欧几里德空间的晶格点上。其状态可以是 {0，1} 的二进制形式，也可以是 $\{S_0, S_1, S_2, \cdots, S_i, \cdots, S_k\}$ 整数形式的离散集。严格意义上，在一定的时间内元胞只能拥有一个状态变量。

简单地说，元胞空间（Lattice）就是指元胞所分布的空间格网点的组合。二维元胞空间一般可以按照三角形、四方形或六边形三种网格形式规则划分。三种规则的元胞空间划分方式在建模时各有优缺点，三角网格具有相对较少的邻居数目，但不方便计算机的表达显示；四方网格简单直观易于与 GIS 集成，适合在现有的计算机环境下进行显示表达，缺点是不能较好地模拟各向同性的现象；六边形网格能克服四方网格的缺点，较好地模拟各同向性的现象，但同三角网格缺点一样，在计算机表达显示上较为困难，如图 2.2 所示。

在理论上，元胞空间通常在各维上是无限延展的，这有利于在理论上的推理和研究。但是在实际应用过程中，无法在计算机上实现这一理想条件，因此，我们需要定义不同的边界条件。归纳起来，边界条件主要有三种类型：周期型、反射型和定值型。有时，在应用中，为更加客观、自然地模拟实际现象，还有可能采用随机型，即在边界实时产生随机值。

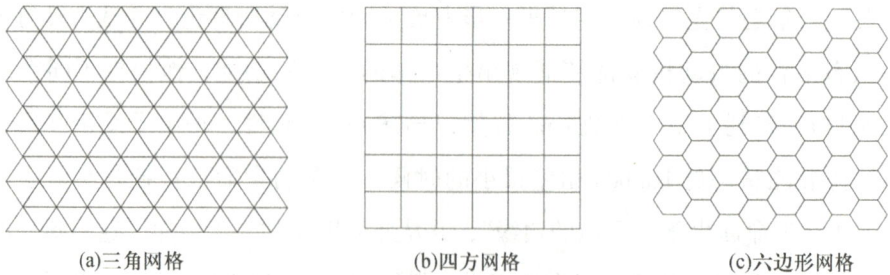

| (a)三角网格 | (b)四方网格 | (c)六边形网格 |

图2.2　二维元胞自动机的三种网格划分

周期型（Pehodic Boundary）是指相对边界连接起来的元胞空间。对于一维空间，元胞空间表现为一个首尾相接的"圈"；对于二维空间，上下相接，左右相接而形成一个拓扑圆环面（Torus），形似车胎。周期型空间与无限空间最为接近，因而在理论探讨时，常以此类空间型作为试验。反射型（Reflective Boundary）指在边界外邻居的元胞状态是以边界为轴的镜面反射，例如在一维空间中，当 $r=1$ 时的边界情形，如图2.3所示。定值型（Constant Boundary）指所有边界外元胞均取某一固定常量，如0，1等。需要指出的是，这三种边界类型在实际应用中，尤其是二维或更高维数的构模时，可以相互结合。如在二维空间中，上下边界采用反射型，左右边界可采用周期型（相对边界中，不能一方单方面采用周期型）。

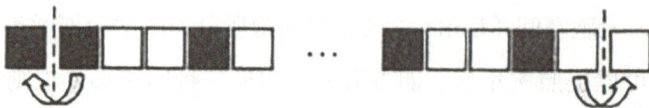

图2.3　一维空间边界情景示意图

在这个元胞、状态、元胞空间的概念基础上，我们引入另外一个非常重要的概念：构形（Configuration）。构形是在某个时刻，在元胞空间上所有元胞状态的空间分布组合。通常，在数学上，它可以表示为一个多维的整数矩阵。

2.2.2　邻居关系

元胞和元胞空间表现了元胞系统的静态部分，而演化规则的加入使得元胞系统具有了"动态"意义。一个元胞状态下一时刻的状态不仅受到元胞空间和自身状态的影响，还受到它的邻居元胞状态的影响。一维元胞自动机模型中的邻居确定比较简单，距离一个元胞欧式距离半径范围内的所有其他的元胞都被认为是该元胞的邻居。二维元胞自动机邻居的定义相对复杂，以最常用的四方网格划分为例，其通常有以下三种形式：冯·诺依曼（Von　Neumann）型、摩尔（Moore）型和扩展摩尔型，其中黑色元胞为中心元胞，灰色元胞为中心元胞的邻居，二者当前的状态决定了下一时刻中心元胞的状态，如图2.4所示。

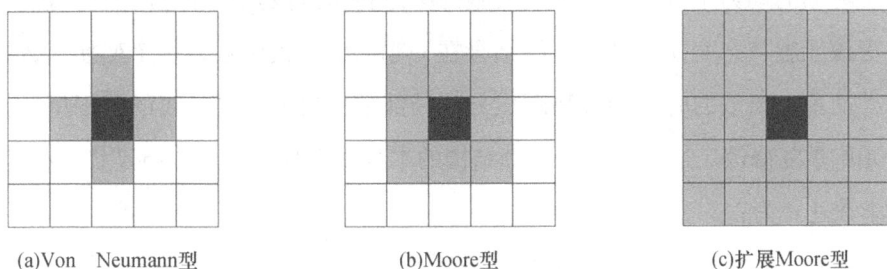

(a)Von　Neumann型　　　　　(b)Moore型　　　　　(c)扩展Moore型

图2.4　CA 的三种邻居模型

（a）冯·诺依曼（Von　Neumann）型

一个元胞的上、下、左、右相邻四个元胞为该元胞的邻居。这里，邻居半径 r 为1，相当于图像处理中的四邻域、四方向。其邻居定义公式如下：

$$N_{\text{Neumann}}=\{v_i=(v_{ix}-v_{iy})\,||v_{ix}-v_{ox}|+|v_{iy}-v_{\Delta y}|\leqslant 1,(v_{ix},v_{iy})\in Z'\} \tag{2.1}$$

v_{ix}，v_{iy} 分别表示邻居元胞的行列坐标值，v_{ox} 表示中心元胞的行列坐标值。此时，对于四方网格，在维数为 d 时，一个元胞的邻居个数为 $2d$。

（b）摩尔（Moore）型

一个元胞的上、下、左、右、左上、右上、右下、左下相邻八个元胞为该元胞的邻居。邻居半径 r 同样为1，相当于图像处理中的八邻域、八方向。其邻居定义如下：

$$N_{\text{Moore}}=\{v_i=(v_{ix},v_{iy})\,||v_{ix}-v_{ox}|\leqslant|v_{iy}-v_{\Delta y}|\leqslant 1,(v_{ix},v_{iy})\in Z'\} \tag{2.2}$$

v_{ix}，v_{iy}，v_{ox} 意义同前。此时，对于四方网格，在维数为 d 时，一个元胞的邻居个数为（$3d-1$）。

（c）扩展摩尔（Moore）型

将以上的邻居半径 r 扩展为2或者更大，即得到所谓的扩展摩尔型邻居。其数学定义可以表示为：

$$N_{Moore}=\{v_i=(v_{ix},\ v_{iy})\ |\ |v_{ix}-v_{ox}|+|v_{iy}-v_{\Delta y}|\leqslant r,\ (v_{ix},\ v_{iy})\in Z^t\} \qquad (2.3)$$

此时，对于四方网格，在维数为 d 时，一个元胞的邻居个数为 $[(2r+1)d-1]$。

2.2.3 元胞状态转移规则

元胞自动机的规则可以描述为：根据元胞及其邻居的当前状态确定该元胞状态下一时刻的动力学函数，也就是元胞的状态转移函数。将元胞的所有可能状态和负责该元胞状态变换的规则有机结合在一起形成变换函数，这个变换函数构造了一种简单、离散的时空局部物理成分。局部物理成分在要修改的范围里对其结构的元胞重复修改。这样，尽管物理结构的本身每次都不发展，但是状态在变化。其数学表达式为：

$$f:\ S_i^{t+1}=f(S_i^t,\ S_N^t) \qquad (2.4)$$

S_N^t 为 t 时刻的邻居元胞状态组合，f 为元胞自动机的局部映射或局部规则。从上述数学转换形式来看，元胞 i 在 $t+1$ 时刻的状态 S_i^{t+1}，与 t 时刻的元胞 i 的自身状态 S_i^t 以及邻居元胞状态 S_N^t 有关，而与 $t-1$ 时刻的状态无关。

基于以上对于元胞自动机理解，标准的元胞自动机是一个四元组，公式如下所示：

$$A=(L_d,\ S,\ N,\ f) \qquad (2.5)$$

这里 A 代表一个元胞自动机系统；L 表示元胞空间，d 是一正整数，表示元胞自动机内元胞空间的维数；S 是元胞的有限的、离散的状态集合；N 表示一个所有邻域内元胞的组合（包括中心元胞），即包含 n 个不同元胞状态的一个空间矢量，记为：

$$N=(s_1,\ s_2,\ \cdots,\ s_n) \qquad (2.6)$$

n 是元胞的邻居个数。$S_i\in Z$（整数集合），$i\in\{1,\ 2,\ \cdots,\ n\}$；$f$ 表示将 S_n 映射到 S 上的一个局部转换函数。所有的元胞位于 d 维空间上，其位置可用一个 d 元的整数矩阵 Z_d 来确定。

由于元胞自动机是一种模型框架，它允许以不同的方式定义模型机制，通过全局元胞的影响和局部元胞的交互来模拟复杂地理和城市系统。基于其具有灵活、强大的时空过程表达能力以及对复杂非线性系统的建模能力，在地理系统模拟中得到广泛应用。19 世纪 70 年代，Tobler 首次采用元胞自动机对城市扩张过程进行模拟，验证了其在土地利用变化和城市生长模拟研究中的可行性。近年来出现了很多新的转换规则方法，常常与进化计算、神经网络、模糊逻辑、粗糙集、机器学习等结合。人工神经网络（ANN）适宜于解决复杂非线性问题，在城市系统建模问题上较线性回归方法具有优越性，将其引入元胞自动机模型可以较好地解决在城市土地利用变化模拟中获取转换规则的问题。因此，本文采用基于神经网络的元胞自动机模型（ANN-CA）来模拟和预测广东省土地利用变化情况。

2.3　元胞自动机的改良应用

过去几十年，国内外学者针对城市扩张这一复杂地理过程从不同角度建立了多种数学模型来进行模拟预测，诸如系统动力学模型、马尔科夫链模型、主体模型、元胞自动机（CA）模型及组合模型等。1970 年，Tobler 首次利用 CA 模型模拟了美国底特律地区的城市扩张过程，该研究验证了 CA 在城市生长问题研究中的可行性。此后，CA 被广泛用于模拟地理复杂系统及其动态演变过程，尤其是城市扩展和土地利用变化。

CA 包含四个基本要素：元胞、状态、邻居以及转换规则，其中转换规则是 CA 建模的核心和难点，直接决定了模型的特征，并影响其模拟性能，如何有效获取和定义元胞的转换规则，是提高 CA 模拟预测精度的关键所在。几十年来，国内外学者针对 CA 转换规则的改进提供了大量优秀的研究成果。White 和 Engelen 用三个因素来计算模型的转换潜力，分别是元胞自身的适宜性、元胞邻域的集聚影像、随机扰动因素。Clarke 等则运用 5 个因素控制城市的模拟，包含聚集、扩散、坡度限制和道路的影响，模型的转换规则通过这 5 个因素来定义。

总体来说，转换规则的获取方法可归纳为显性规则和隐性规则两类。

2.3.1　显性规则

显性规则指的是将 CA 参数类比为驱动因素的权重或规则，具有明确的物理意义，可通过权重来清晰判定变量因子在土地利用变化过程中的贡献度。

1997 年，美国加州大学 Clarke 教授基于 CA 开发的 SLEUTH 模型是经典的城市增长模型，SLEUTH 模型受扩散系数、繁衍系数、蔓延系数、坡度阻碍系数和道路引力系数 5 个参数的驱动来实现元胞的变化，具有较高的模拟精度和模拟效果。李明杰等利用 SLEUTH 模型对广州市海珠区高密度城区空间扩张进行了模拟，为解决城市范围的界定问题提供了思路与方法。因为 Monte Carlo 和多准则判别的传统转换规则在处理空间变量中有一定局限性，基于此，Wu 等利用 Logistic 回归的方法获取 CA 转换规则，提出了符合城市演化机理的 Logistic-CA 模型。Munshi 等利用 Logistic-CA 模型对印度 Ahmedabad 地区的城市扩张进行模拟研究；冯永玖等以中小尺度城市的代表上海市嘉定区为例，利用 Logistic-CA 模型模拟和重建了该区 1989—2006 年城市生长过程，认为 Logistic-CA 模型适合于中小尺度城市生长模拟，模拟结果与城市实际形态相符，精度较好。此外，包括遗传算法、粒子群算法、模拟退火算法等的全局最优化方法与 CA 的结合也属于显性规则。Feng 等利用粒子群算法与 CA 的结合，对上海市奉贤区的城市扩张进行了模拟，研究结果表明模拟精度高于 Logistic-CA。

2.3.2 隐性规则

隐性规则是指构建的 CA 参数没有明确物理意义，具有自动化和智能化的特点。

神经网络具有强大的自适应、自组织能力，能够有效处理非线性问题，Li 等在 2002 年首次提出了运用人工神经网络对 CA 参数进行校准的 ANN-CA 模型，并研究了中国南部快速发展区的土地利用变化模拟。Liu 等通过耦合自然效应和人类活动构建了基于 CA 的 FLUS 模型，采用神经网络获取地类转换概率，并实现了对中国未来土地利用情景的预测。基于马尔科夫链的 Markov-CA 模型是利用土地利用变化概率转移矩阵对未来变化趋势进行预测的方法。Arsanjani 利用 Markov-CA 模型预测了德黑兰市区 2016 年、2016 年土地利用变化情况。刘小平等提出了基于智能蚁群的地理元胞自动机模型，并在广州的土地利用模拟中得到了有效验证。

2.3.3 元胞自动机改良现状

一直以来，对 CA 进行精确校准以期获得更好的模拟结果是改良 CA 模型的重点研究内容。基于此，学者们运用了大量方法对 CA 参数进行校准，如 SLEUTH 模型，基于多准则判断和 Logistic 回归等经验和统计分析方法的 CA 模型，基于马尔可夫链等离散动力学方法的 CA 模型，基于智能算法、决策树的 CA 模型，以及基于传统人工神经网络和支持向量机等浅层学习方法的 CA 模型，这些方法特色各异、适用场景各不相同。

（1）SLEUTH 模型

1997 年，Clarke 提出了基于 CA 的 SLEUTH 城市增长模型。学者们运用该模型成功模拟了美洲、欧洲、亚洲等地区的城市扩张。但是，正如 SLEUTH 模型的命名一样，该模型的输入图层仅考虑了坡度、土地利用 / 覆盖、排除层、城市范围、交通路网和山体阴影，一定程度上忽视了人口变化和社会经济等其他因素的影响。另外，除了山体阴影层作为背景层外，通过不断循环选取其他 5 个输入图层的最优参数组合过程十分耗时。

（2）基于 Logistic 回归的 CA 模型（Logistic-CA）

1998 年，Wu 和 Webster 利用一种基于层次分析法的多准则判断模型，通过综合评价一系列空间变量的重要性判断一个元胞在下一时刻是否能转为城市建设用地。基于多准则判断的 CA 模型需要很强的专业背景判断不同变量的重要程度，模拟结果受主观因素影响很大。而且实际城市扩张应用中一个元胞在下一时刻只存在是否发展为城市建设用地的两种状态，不满足常规的正态分布。因此，2002 年，Wu 首次运用 Logistic 回归对 CA 的转换规则进行校准，并验证了 Logistic 回归在处理多因素问题中的有效性。随后，Logisitc-CA 的应用更趋广泛，甘喜庆实现了约束性 Logistic-CA 对长沙市区及附近区域 1992—1998 年、1998—2006 年城市扩张的模拟，精度分别达到 87.92% 和 76.51%；Munshi 等运用 Logistic-CA 模型对印度 Ahmedabad 地区未来的城市扩张进行预测。这种方法虽然简单实用，但是 Logistic 回归基于线性方法模拟复杂的地理现象显得过于简单，无法有效处理变量之间的非线性问题。

（3）基于马尔可夫链的 CA 模型（Markov-CA）

马尔可夫链是一种离散动力学模型，通过利用土地利用状态变化生成概率转移矩阵，对未来的城市土地利用变化趋势进行预测。基于 Markov-CA 模型对城市扩张和土地利用变化模拟需要事先定义不同地类的转换适应性图。为获得合理的转换适应性图，Markov-CA 往往与其他模型相结合，比如前文提到的多准则评价、Logistic 回归以及后文将要介绍的人工神经网络等。

（4）基于智能算法的 CA 模型

智能算法根据自然法则和人类经验获取转换规则，使这些规则适用于模拟复杂的城市土地利用系统，主要包括遗传算法、粒子群算法和蚁群算法（Ant Colony Optimization，ACO）等。刘小平等提出了基于智能蚁群的地理元胞自动机模型，并在广州市的城市扩张模拟中得到有效验证。Feng 等基于粒子群算法挖掘 CA 转换规则，并成功应用在上海市奉贤区城市扩张模拟中，实验结果表明 PSO-CA 模拟精度高于 Logistic-CA。Cao 等利用蝙蝠算法结合 CA 模拟南京市城市扩张，实验结果表明，86.9% 的模拟精度优于 PSO-CA、ACO-CA 和未优化模型。然而此类方法往往需要通过精确的规则修剪防止过拟合，以提高规则的解释力、提升模型的精度。

（5）基于人工神经网络的 CA 模型（ANN-CA）

2002 年，Li 和 Yeh 首次提出了运用人工神经网络对 CA 进行参数校准，并成功应用于中国南部快速发展地区的土地利用变化模拟。由于神经网络强大的自适应、自组织能力，无须人为确定 CA 模型的参数和转换规则，且能有效处理非线性问题等特点，在城市扩张影响下的土地利用变化研究中得到广泛应用和验证。徐昔保结合神经网络与 CA 对兰州市城市土地利用进行了有效模拟。Liu 等通过耦合人类活动和自然效应实现了中国未来土地利用的情景预测，构建了基于 CA 的 FLUS 模型，其中神经网络用于获取地类之间的转换概率。但传统神经网络由于随机初始化权重容易陷入局部最优从而影响模型的模拟精度和泛化能力。

综上所述，元胞自动机在城市扩张和土地利用变化模拟预测研究中的重要目标之一是获取更高的模拟精度，其重点是转换规则的定义，不同模型在 CA 校准过程中各具特色且各有不足。因此，今后在元胞自动机应用中的研究重点之一仍是改进现有模型或引入新方法以期获得更准确的转换规则。迄今为止，学者们运用大量方法对 CA 模型转换规则获取方式进行了优化，各种方法适用场景各不相同，需要根据实际情况来选择合适的模拟模型，以实现更好的模拟精度和效果。未来 CA 仍有优化空间，在适用范围、模型精度和处理能力上有望进一步改进。

第三章 模型构建

3.1 数据与处理

3.1.1 土地利用数据

土地利用是指人类有目的地开发利用土地资源的一切活动，对于土地利用变化的分析是希望通过长时间序列在相同空间范围内，对于特定类型或特定区域的土地使用情况变化进行分析，从而判断该区域或该类型土地变化的规律，进而分析人类生产生活和环境的变化对于土地利用的影响。

土地利用现状数据产品（图 3.1）包含栅格数据集和矢量数据集，其中耕地和城乡、工矿、居民用地平均分类精度达到 85% 以上，其他土地利用类型平均分类精度 75% 以上，可满足各行业用户的应用需求。

数据名称	全国土地利用数据	
数据类型	栅格	矢量
数据格式	GRID、TIFF	Shapefile,Geodatabase
分辨率/比例尺	15m、30m、100m、250m、500m、1km 等多种分辨率	1:10万
覆盖范围	中国全境陆地国土	
坐标系	默认投影为Krasovsky_1940_Albers 其他坐标系可进行投影转换	
时间序列	基本时间序列: 1980年、1990年、1995年、2000年、2005年、2008年、2010年、2013年、2015年、2018年 可定制产品: 2020年及2000年以后任意年份	

图 3.1　全国土地利用基本信息（来源：地理国情监测云平台）

本研究所使用土地利用数据来自广东省第二次全国土地调查、广东省 2014 年土地变更调查以及广东省第三次全国国土调查成果。土地调查是一项重大的国情国力调查，是查实查清土地资源的重要手段，其数据成果是真实准确的土地基础数据，具有权威、科学、精准等显著优点。

土地调查成果主要包含数据成果、图件成果、文字成果以及数据库成果，本研究融合成果数据中土地利用类型的一级类分类标准以及三大类分类标准，提取耕地、园地、林地、草地、建设用地、水体及其他土地作为土地利用基础数据。广东省第二次全国土地调查、广东省 2014 年土地变更调查以及广东省第三次全国国土调查成果中地类图斑的数据格式为矢量图斑，基于元胞自动机模型模拟的数据要求，将成果数据转换成 200×200 m 栅格图层，坐标系确定为 CGCS2000_3_Degree_GK_Zone_38。

3.1.2　数字高程数据

（1）数字高程模型

数字高程模型（DigitalElevation Model，DEM）是一定范围内规则格网点的平面坐标（X，Y）及其高程（Z）的数据集，它主要是描述区域地貌形态的空间分布，是通过等高线或相似立体模型进行数据采集（包括采样和量测），然后进行数据内插而形成的。DEM 是对地貌形态的虚拟表示，可派生出等高线、坡度图等信息，也可与 DOM 或其他专题数据叠加，用于与地形相关的分析应用，同时它本身还是制作 DOM 的基础数据。建立 DEM 的数据源及采集方式有：①直接从地面测量，例如用 GPS、全站仪、野外测量等；②根据航空或航天影像，通过摄影测量途径获取，如立体坐标仪观测及空三加密法、解析测图、数字摄影测量等；③从现有地形图上采集，如格网读点法、数字化仪手扶跟踪及扫描仪半自动采集然后通过内插生成 DEM 等方法。DEM 内插方法很多，主要有分块内插、部分内插和单点移面内插三种。目前常用的算法是通过等高线和高程点建立不规则的三角网（TriangularIrregular Network，TIN），然后在 TIN 基础上通过线性和双线性内插建 DEM，如图 3.2 所示。

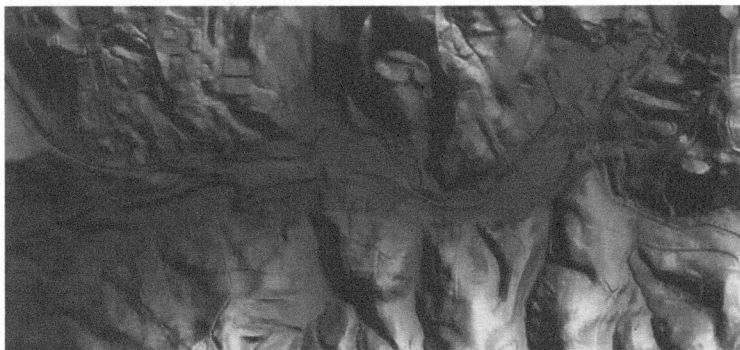

图 3.2　数字高程模型图（来源：三维前沿）

（2）数字地形模型 DTM

数字地形模型（Digital Terrain Model，DTM）最初是为了高速公路的自动设计提出来的（Miller，1956）。此后，它被用于各种线路（铁路、公路、输电线）的选线设计以及各种工程的面积、体积、坡度计算，任意两点间的通视判断及任意断面图绘制，如图 3.3 所示。

图 3.3　数字地形模型图（来源：三维前沿）

在测绘中被用于绘制等高线、坡度坡向图、立体透视图，制作正射影像图以及地图的修测。

（3）数字正射影像图 DOM

数字正射影像图（DigitalOrthophoto Map，DOM）是对航空（或航天）相片进行数字微分纠正和镶嵌，按一定图幅范围裁剪生成的数字正射影像集。它是同时具有地图几何精度和影像特征的图像。DOM 具有精度高、信息丰富、直观逼真、获取快捷等优点，可作为地图分析背景控制信息，也可从中提取自然资源和社会经济发展的历史信息或最新信息，为防治灾害和公共设施建设规划等应用提供可靠依据；还可从中提取和派生新的信息，实现地图的修测更新。DOM 可作为独立的背景层与地名注名，图廓线公里格、公里格网及其他要素层复合，制作各种专题图，其数据具有优良的精度、现实性和完整性，如图 3.4 所示。

图 3.4　数字正射影像图（来源：三维前沿）

（4）数字表面模型 DSM

数字表面模型（DigitalSurface Model，DSM）是指包含了地表建筑物、桥梁和树木等高度的地面高程模型。和 DEM 相比，DEM 只包含了地形的高程信息，并未包含其他地表信息，DSM 是在 DEM 的基础上，进一步涵盖了除地面以外的其他地表信息的高程。最真实地表达地面起伏情况，可广泛应用于各行各业，在一些对建筑物高度有需求的领域，得到了很大程度的重视，如图 3.5 所示。

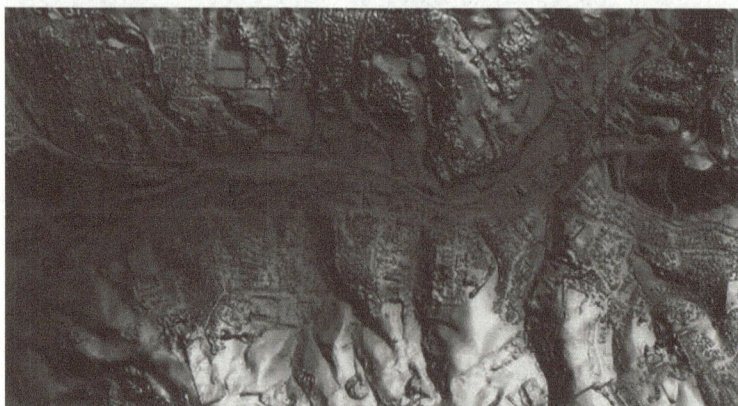

图 3.5　数字表面模型图（来源：三维前沿）

本研究所需地形地貌数据由 DEM 数据来呈现，数据主要来自由中国科学院计算机网络信息中心科学数据中心建设并运行维护的地理空间数据云（图 3.6）

（http：//www.gscloud.cn/home）中的 ASTER GDEM 30M 分辨率数字高程数据，该
数据是根据 NASA 的新一代对地观测卫星 Terra 的详尽观测结果制作完成的，其数
据覆盖范围为北纬 83° 到南纬 83° 之间的所有陆地区域，覆盖了地球陆地表面的
99%。本研究将 ASTER GDEM 数字高程数据处理为 200×200 m 分辨率的栅格图
层，设置坐标系为 CGCS2000_3_Degree_GK_Zone_38。

图 3.6　地理空间数据云（http：//www.gscloud.cn/home）

3.1.3　夜光遥感数据

在遥感空间信息获取中，夜光遥感是遥感领域发展活跃的一个分支，相比于
传统的光学和雷达遥感卫星，夜光遥感是获取无云条件下地表发射的可见光——
近红外电磁波信息。这些信息大部分由地表人类活动发出，其中最主要的是人类
夜间灯光照明，同时也包括石油天然气燃烧、海上渔船、森林火灾以及火山爆发
等来源。相比于普通的遥感卫星影像，夜光遥感影像更直接反映人类活动。

在经济全球化的背景下，夜间灯光的强弱直接反映人类活动区域的社会发展
进程。基于夜间灯光遥感数据视角，国内外学者在城市外部空间结构的变化和内
在社会经济发展的改变方面开展了不少研究。夜间灯光（Night Time Light，NTL）
遥感可直接反映人类的社会经济活动，因为来自城市、城镇、工业场所、渔船和
其他人类活动的人造光在夜间均被记录下来。夜光遥感是利用遥感技术从空中获
取地球表面的夜间光线强度信息，其来源是 1976 年 9 月美国发射的军事气象卫星
计划（Defense Meteorological Satellite Program，DMSP）搭载的传感器（Operational
Linescan System，OLS）该计划最初为获取夜间云层反射的微弱月光，来提取夜间

云层的空间分布信息，意外发现 DMSP/OLS 在无云情况下可获取城镇、夜间渔船、天然气燃烧、闪电及火光等地表活动信息。与主要用来监测地表变化的普通遥感卫星影像相比，夜光遥感更多地反映以人类社会经济活动为中心的观测，夜光遥感数据的空间覆盖范围广、成像周期短、经济成本低，可快速、准确、客观地获取地球地表和人类活动信息，如图 3.7 所示。

图 3.7 夜光遥感数据图（来源：智绘科服）

目前，在国际上有 2 种常用的能够观测夜光数据的遥感卫星：一种是国防气象卫星项目的业务线扫描系统（DMSP/OLS）；另一种是 Suomi 国家极轨合作伙伴（Suomi National poplar-orbit Partnership，S-NPP）卫星上搭载的可见光红外成像辐射仪（Visible Infrared Imaging Radiometer Suite，VIIRS）在夜间工作时可探测到地球表面的城镇灯光、闪电及火光等活动信息，这与黑暗的乡村背景在影像数据上形成鲜明的对比。DMSP/OLS 最开始获取夜光影像数据，存在辐射测量精度粗糙、空间分辨率低和缺乏星载标定等局限性。后来新一代高分辨率的 NPP/VIIRS 提供前所未有的夜光观测能力，极大地克服 DMSP/OLS 数据的一些限制和不足，NPP/VIIRS 数据具有更高的星载校准辐射测量精度，保证能够探测极低亮度光的能力高分辨率的 NPP/VIIRS 夜光遥感数据的出现，使得应用领域更加广泛。常用夜光遥感数据集的特点及应用如图 3.8 所示。

数据类型	时间序列	时间分辨力	研究领域	影像数值	参数值
DMSP/OLS稳定夜光遥感数据	1994—1995年和其他年份	年	城市范围及其影响、社会经济参数	在无云数据中检测到夜光的频率	灰度值
DMSP/OLS相对辐射校准数据	1996—1997年和其他年份	年	省级人口密度、社会经济参数	校准辐射度	相对辐射值
DMSP/OLS时间序列数据集	第1版(1992年、1993年、2000年);第2版(1992—2003年);第4版(1992—2013年)	年	社会、人口和经济变化的动态	稳定夜光的强度	相对辐射值
DMSP/OLS亚洲区夜光数据	1992年、1996年、1998年和其他年份	年	城市扩展、人口密度	稳定夜光的强度	相对辐射值
NPP/VIIR夜光遥感数据	2012年至今	月、日	社会经济参数、各级人口密度、城市扩展、森林火灾及战争等重大事件评估等	扫描辐射	绝对辐射值

图3.8 常用夜光遥感数据集的特点及应用图

"珞珈一号"(http：//59.175.109.173：8888/app/login.html)卫星是全球首颗专业夜光遥感卫星,由武汉大学领衔,联合长光卫星技术有限公司研制。这是武汉大学"珞珈一号"科学试验卫星工程的第一颗卫星,主要用于试验验证国内处于空白的"夜光遥感"技术和国家急需的"低轨卫星导航增强"等技术。"珞珈一号"理想条件下可在15天内绘制完成全球夜光影像,动态监测中国和全球宏观经济运行情况,为政府决策提供客观依据,如图3.9所示。本研究采用"珞珈一号"夜光遥感数据作为社会经济发展水平的表征,其空间分辨率统一为200×200 m,坐标系为CGCS2000_3_Degree_GK_Zone_38。

（a）正视图

（b）侧视图

图 3.9 "珞珈一号"示意图（来源：武汉大学新闻网）

3.1.4　社会经济数据

社会经济统计是对社会经济现象的一种调查研究活动。它密切联系事物的质的方面，调查研究社会经济现象的数量方面，并用数字语言尽可能精确地表述出来。

本研究所需社会经济数据包含 2009 年、2019 年及 2019 年广东省各区县的多项社会经济指标，数据主要来自 2006 年、2015 年和 2020 年的《广东统计年鉴》（图 3.10）以及相应地区的地方统计年鉴，并结合部分市县的国民经济与社会发展统计公报数据、政府门户网站数据进行补充。

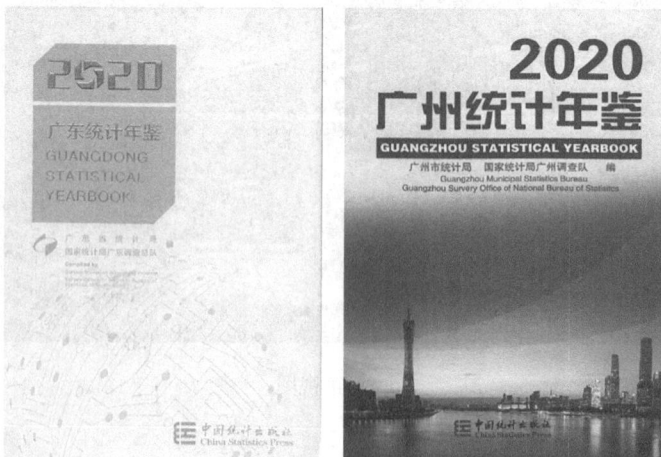

图 3.10　统计年鉴示意图

数据收集过程中来源不一的统计数据，本研究均对其进行了等比例调整，达到统一口径的效果，而少部分缺失数据则利用 EXCEL 中 TREND 函数进行了线性插值。基于元胞自动机模型模拟的需求，将统计数据进行了一定的空间化处理，并生成 200×200 m 的栅格图层，坐标系为 CGCS2000_3_Degree_GK_Zone_38。

3.1.5 交通条件数据

交通数据采集是交通领域各项研究的基础，快速、高效、精确的交通数据采集技术是人们永恒的研究课题。随着交通信号灯和高速公路的出现，人们开始认识到数据获取的重要性和必要性。如今，城市道路信号交叉口的区域交通控制以及高速公路网的交通控制，乃至交通管理追求的最终目标——自动公路系统的实现，交通数据采集均发挥或将要发挥决定性的作用。我国的道路交通数据采集始于 20 世纪，当时普遍采用人工观测计数方式。随着道路建设和交通量的增加，交通数据采集逐渐由人工观测计数转变为自动计数，尤其是年公路交通情况调查被纳入国家统计工作以来，我国的道路交通调查工作迈上了一个新台阶。利用感应线圈检测技术、超声波检测技术、红外线检测技术、视频检测技术和微波检测技术等的自动检车设备，在我国道路机动车交通数据采集中获得了普遍应用。

本研究所需交通条件数据来自广东省第二次全国土地调查、广东省 2014 年土地变更调查以及广东省第三次全国国土调查成果，将成果中铁路用地和轨道交通用地提取为铁路数据，将公路用地提取为公路数据。基于元胞自动机模型模拟的需求，将交通数据进行了一定的栅格化处理，生成 200×200 m 的栅格图层，坐标系为 CGCS2000_3_Degree_GK_Zone_38。

3.2 模型构建过程

3.2.1 模型表达式

元胞自动机定义任意元胞 i 在时刻 $t+1$ 的状态由其在时刻 t 的状态和元胞邻域决定，本研究所构建广东省城市扩张模拟预测模型中非城市（Non-urban）元胞转化为城市（Urban）元胞的全局概率 $P_{gi,t}$ 可以表达为：

$$P_{gi,\ t}=P_{di}\times P_{Ni,\ t}\times C_{on}\times R \tag{3.1}$$

式（3.1）中，P_{di} 是由空间变量决定的土地利用转化概率，$P_{Ni,\ t}$ 是半径为 N 的邻域影响，C_{on} 是限制因素，R 是随机因素。

空间变量决定的转化概率 P_{di} 是转换规则的核心，它代表驱动因素对土地利用的影响，并通过概率的形式影响到元胞下一时刻的状态，其数学表达式为：

$$P_{di}=\frac{1}{1+\exp\ (-z_i)} \tag{3.2}$$

式（3.2）中，z_i 是空间驱动因子对城市扩张的影响，本研究基于对广东省耕地变化和建设用地扩张驱动因子研究成果辅助选取空间驱动因子。

$P_{Ni,\ t}$ 通常由 $m\times m$ 的 Moore 邻域来表达，本研究选取扩展 Moore（5×5）作为元胞邻域。

限制因素 C_{on} 表示元胞受到某种限制而不能转化为城市元胞，通常包含水体等地类，文章通过设置地类兼容性来限制部分元胞向城市元胞的转化（具体如6.2.2.4 节所示）。

随机因素 R 用于模拟不确定因素导致的元胞状态转变，数学表达式为：

$$R=1+\ (-\ln r)^{\alpha} \tag{3.3}$$

式（3.3）中，r 是 0~1 间的随机数，α 是随机因素 R 的控制参数。

3.2.2　模型实现过程

本研究提出的广东省城市扩张模拟预测模型的实现过程主要包含 3 个阶段：CA 模型训练阶段、城市扩张模拟与验证阶段、未来城市扩张预测阶段。该模型以2009 年、2014 年、2019 年土地调查数据为基准，结合多层次驱动因子数据对城市扩张格局进行模拟，并对 2025 年土地利用变化格局进行预测。

其中，2009—2014 年为模型训练校准阶段，利用 2009 年和 2014 年两次土地调查数据为基准，训练模型模拟规则；2014—2019 年为模型模拟和精度验证阶段，以 2014 年土地调查数据为基础，利用训练阶段生成的模型规则去模拟 2019 年土地利用变化情况，并结合 2019 年实际土地调查数据来验证模型模拟的准确性；2019—2025 年为模型预测阶段，通过训练阶段与模拟阶段所生成和检验过的模型规则，对 2019 年土地调查数据进行未来土地利用的模拟预测，以判断 2025 年广东省土地利用变化的新格局，为规划编制、政策研究、优化资源配置提供科学支撑，如图 3.11 所示。

图 3.11　模型实现过程

在生态文明建设的重要背景下，全省城镇空间扩张要更多地考虑耕地保护工作，切实优化国土空间格局。因此本研究设置两种城市土地利用变化情景以对比研判耕地保护、生态保护措施在协调和平衡国土空间格局中的重要作用，其中基于经验认识的城市自由扩张情形为情景 1，顾及生态文明建设、增加地类转化约束的发展情形为情景 2。借由不同情景下模拟结果对比，可为全省土地利用变化政策制定提供一定的科学支撑。

3.2.3　驱动因子图层

影响研究区土地利用的因子通常包含自然地理条件和社会经济条件，在土地利用模拟过程中需要各类空间影响因子来为土地利用变化过程设定条件。

本研究基于上一章节中土地利用变化驱动机制分析成果，综合元胞自动机模型相关研究基础，从自然条件层、环境质量层、经济发展层、社会条件层以及交通通达层共 5 个层面选定 8 个驱动因子图层，其中自然条件层包含高程因子和坡度因子，环境质量层由到水体距离作为表征，经济发展层利用夜光遥感数据来表示人类社会经济活动水平，社会条件层主要用人口密度的空间插值来提现人口规模水平，交通通达层则包含交通条件及区位条件两个因素，其中交通条件用到公路距离、到铁路距离作为表征，区位条件则通过选取各区县行政中心，由到区县中心距离来表达。

模型中所有驱动因子图层均经过归一化处理满足系统运行需求，如表 3.1 所列。

表 3.1　模型驱动因子图层

环境层	指标层	数据来源和获取方法
自然条件	高程	地理空间数据云（http：//www.gscloud.cn）DEM 数字高程数据，ArcGIS 融合、提取
	坡度	由高程数据计算得到
环境质量	到水体距离	由土地调查成果提取水体图斑，并由 ArcGIS 计算欧氏距离得出 2009 年、2014 年和 2019 年三组数据
经济发展	夜光遥感	由"珞珈一号"（http：//59.175.109.173：8888/app/login.html）卫星夜光遥感影像融合得到
社会条件	人口密度	由《广东省统计年鉴》、各地市统计年鉴等渠道整理 2009 年、2014 年和 2019 年广东省各区县人口密度统计数据，并通过空间插值得出
交通通达	到公路距离	由土地调查成果提取公路图斑，并由 ArcGIS 计算欧氏距离得出 2009 年、2014 年和 2019 年三组数据
	到铁路距离	由土地调查成果提取铁路图斑，并由 ArcGIS 计算欧氏距离得出 2009 年、2014 年和 2019 年三组数据
	到区县中心距离	选取各市中心点数据，ArcGIS 欧式距离计算得出

由于上述数据多为多源数据集，不同数据量级之间存在较大差别。因此在模型进行训练、模拟和预测时，为减小不同数据对模型运行结果造成的误差，本研究依据以下公式对所有驱动因子图层进行了统一的归一化处理：

$$x'_i = \frac{x_i - x_{\min}}{x_{\max} - x_{\min}} \tag{3.4}$$

式（3.4）中 x'_i 表示归一化处理后的数据，x_i 表示第 i 个原始变量，$x_{\max}$ 和 $x_{\min}$ 分别表示第 i 个原始变量规划前的最大值和最小值。

处理后的驱动因子图层如下。

（1）自然条件层（图 3.12、图 3.13）

图 3.12　高程因子图层　　　图 3.13　坡度因子图层

（2）环境质量层（图 3.14）

图 3.14　2009 年、2014 年、2019 年到水体距离因子图层

（3）经济发展层（图 3.15）

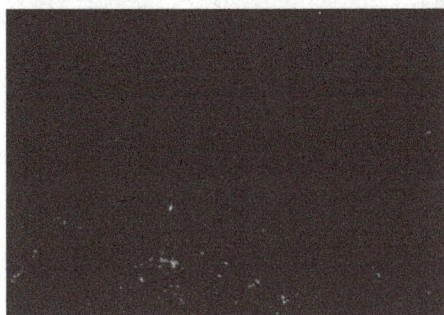

图 3.15　夜光遥感因子图层

（4）社会条件层（图 3.16）

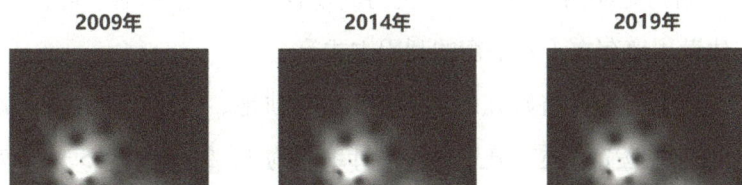

图 3.16　2009 年、2014 年、2019 年人口密度因子图层

（5）交通通达层（图 3.17、图 3.18、图 3.19）

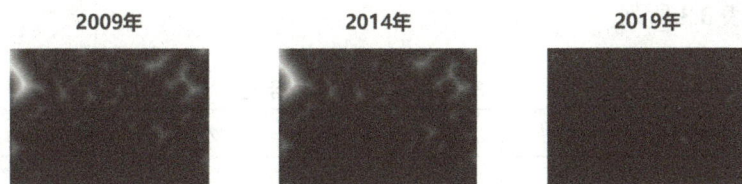

图 3.17　2009 年、2014 年、2019 年到公路距离因子图层

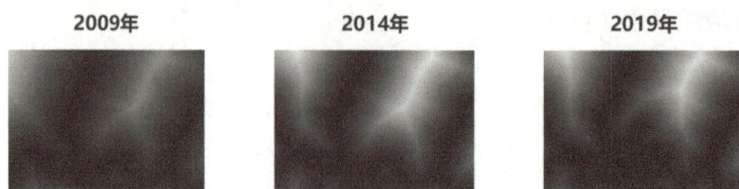

图 3.18　2009 年、2014 年、2019 年到铁路距离因子图层

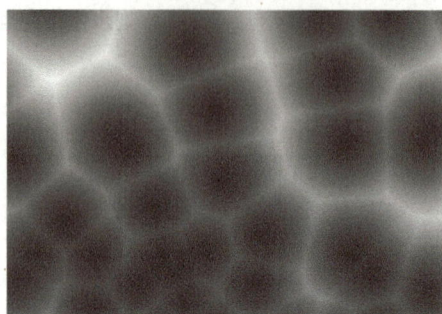

图 3.19　到区县中心距离因子图层

3.2.4　地类兼容性

不同地类之间的转换情况可由地类兼容性来表达，其中 0 指代两种地类间难以进行转换，1 指代两种地类易于相互转换。设计地类兼容性往往需要结合实际情况进行考虑，例如短期内水体难以转化为其他各类用地，林地不得轻易转化和开发，耕地与建设用地存在占补平衡的利用方式等。

本文综合相关研究，将研究区土地利用分为耕地、园地、林地、草地、水域、建设用地、其他用地 7 大类，分别对应设计编号为 1、2、3、4、5、6、7。通过制作专家意见调查表，向土地调查工作者、土地利用变化专家学者征求了在城市自由扩张和生态文明约束两种情景下各地类转化难易程度的专业意见，以形成两种情景下不同的地类兼容性规则。问卷共发出 30 份，有效回收 30 份，形成的结果如表 3.2、表 3.3 所列。

表 3.2　情景 1 地类兼容性

地类	耕地	园地	林地	草地	水体	建设用地	其他用地
耕地	1	1	1	1	1	1	1
园地	1	1	1	1	0	1	1

地类	耕地	园地	林地	草地	水体	建设用地	其他用地
林地	1	1	1	1	0	0	1
草地	1	1	1	1	1	1	1
水体	1	0	0	1	1	1	0
建设用地	1	1	0	1	1	1	1
其他用地	1	1	1	1	0	1	1

其中建设用地视为城市用地，其他六类用地为非城市用地。

表 3.3　情景 2 地类兼容性

地类	耕地	园地	林地	草地	水体	建设用地	其他用地
耕地	1	1	0	1	1	1	1
园地	1	1	1	1	0	1	1
林地	0	1	1	1	0	0	0
草地	1	1	1	1	1	1	1
水体	1	0	0	1	1	0	0
建设用地	1	1	0	1	0	1	1
其他用地	1	1	0	1	0	1	1

其中建设用地视为城市用地，其他六类用地为非城市用地。

在情景 1 地类兼容性中，大部分地类之间均能够实现互相转化，除水体与林地、园地自然转化存在一定难度外，建设用地对林地的开发也存在明显的法律约束。相较之下，在情景 2 中由于对林地的限制开发及管护，林地与耕地、其他用地的转化均受到限制，建设用地与其他用地对水体的侵占难度也有提升。

3.2.5　模型参数设置

参数的设定是影响模型模拟结果的重要因素，科学合理设置参数是实验成功的关键。在实际模拟过程中，很难通过一次设置得到理想的模拟结果，往往需要对参数进行多次调整。模型的精度验证是反映模型有效性的重要指标。

模型运行必要的数据包含训练阶段的土地利用数据、模拟阶段的土地利用数据、土地利用变化的驱动因子图层、土地利用类型的转换条件以及辅助空间分析与决策的其他空间数据（如行政边界文件）5 类数据文件（表 3.4）。其中土地利用数据至少需要获取 3~4 期数据，即训练阶段的初始时段数据、训练阶段终止时段数据、模拟阶段初始时段数据以及模拟阶段终止时段数据，在进行土地利用变化预测时，还需要提供城市扩张建设用地总量的预测数据。各类数据缺一不可，否则将影响模型运行，且无法获取模型精度信息。此外模型训练阶段的抽样比例、邻域窗口大小等参数需要合理调整，模拟阶段的迭代次数也应当选取合适数值，通常 CA 模拟需要几十到几百次迭代才能有优质结果。

表 3.4　模型运行数据准备

数据文件	数据内容
训练阶段土地利用	初始时段数据、终止时段数据
模拟阶段土地利用	初始时段数据、终止时段数据
驱动因子	高程、坡度、铁路、水体等
土地利用类型转换条件	七类用地的转换规则
辅助数据	行政边界等

本研究首先选定广东省 2009 年土地利用变化数据作为模型训练阶段的初始时段数据，以 2014 年土地利用变化数据作为其终止时段数据，加载驱动因子图层并以此训练 CA 转换规则，其中抽样比例设置为 5%，邻域窗口大小设置为 5；模拟阶段将 2014 年土地利用变化数据作为模拟初始时段数据，以 2019 年土地利用变化数据为终止时段数据，以此对全省进行空间扩张模拟，将迭代次数设置为 100，获取模型模拟的精度信息，对模型本身的有效性进行验证。最后在预测阶段，将全省 2019 年土地利用变化数据作为预测初始时段数据，并以广东省 2025 年建设用地面积总量的预测值作为用地转换的终止条件，设置迭代次数为 100，模拟未来城市空间扩张过程。

3.3　有效性检验方法

3.3.1　Kappa 系数

现有研究中关于元胞自动机模拟精度通常利用总体精度、Kappa 系数来进行验证。Kappa 系数的计算基于混淆矩阵，可以用于分类精度的衡量，其取值范围从 –1~1，数值越接近 1 则代表模拟图像与实际图像吻合度越高，公式如下：

$$Kappa = \frac{P_0 - P_c}{P_p - P_c} \tag{3.5}$$

式（3.5）中 P_p 为理想状态下模型模拟正确率，P_0 为模型实际模拟正确率，P_c 为随即期望条件下模型模拟正确率。

3.3.2 FoM 精度值

考虑到利用混淆矩阵计算出的总体精度和 Kappa 系数在精度验证上具有一定局限性，研究加入 Figure of Merit（FoM）精度值来补充证明模型有效性，FoM 精度值主要用于衡量实际观测转换数量与模拟预测转换结果之间的一致性，其计算公式如下：

$$FoM = \frac{B}{A + B + C + D} \tag{3.6}$$

式（3.16）中 A 是实际土地利用类型发生变化但模拟结果中土地利用类型不变的错误区域；B 是实际和模拟结果中土地利用类型都发生变化的正确区域；C 是实际土地利用类型不变但模拟结果中土地利用类型发生变化的错误区域，D 是实际未发生变化而模拟数据产生变化的错误集合。

3.4 模型软件介绍

当前国内外基于元胞自动机原理所开发的相关模拟软件 / 模型成果丰硕，包含 CLUE、GeoSOS、GeoSOS–FLUS、SLEUTH、TerrSet 等，上述软件 / 模型各有优缺点（表 3.5），为不同应用场景需求的用户提供了广泛的选择。

表 3.5 国内外主要土地利用变化模拟软件 / 模型列表

软件名称	主要功能及特点	是否免费	软件 / 模型发布时间
CLUE	提供土地需求和土地利用变化驱动力分析框架，能够进行多种土地利用类型的空间分配。主要包括 CLUE、CLUE-S、Dyna-CLUE 等多个模型，有多种空间尺度的应用案例	是	1996

软件名称	主要功能及特点	是否免费	软件/模型发布时间
GeoSOS	地理模拟器基于神经网络、逻辑回归、决策树等机器学习算法的元胞自动机模拟功能，空间优化器具有基于蚁群算法的点、线、面优化功能。具有独立软件和基于 ArcGIS 平台的插件，操作过程简便、成熟	是	2009
GeoSOS-FLUS	采用神经网络算法（ANN）从一期土地利用数据及多种驱动力因子获取各类用地类型的适宜性概率，基于轮盘赌算法的自适应惯性竞争机制进行多种土地利用类型的空间分配，具有并行计算版本	是	2017
SLEUTH	基于坡度、土地利用、排除层、城市范围、山体阴影等因素进行城市扩张和土地利用变化模拟，通过 Monte Carlo 迭代进行模型参数校准	是	1998
TerrSet	TerrSet 中的 Land Change Modeler 模块利用多层感知器神经网络进行土地利用变化驱动力分析，能够进行基于马尔科夫链的土地利用变化未来情景预测	否	IDRISI 1987 TerrSet 2015

上述模拟软件中，地理模拟与优化系统（Geographical Simulation and Optimization System，GeoSOS）是耦合了地理模拟与空间优化的复合模型，由黎夏教授提出。GeoSOS 基于黎夏教授、叶嘉安院士、刘小平教授及其团队多年来在地理元胞自动机、多智能体建模以及空间优化研究，提供了一套完整的理论、方法和工具，为进行复杂地理格局和演变过程的模拟预测研究带来了极大便利。

GeoSOS 应用十分广泛，在土地利用变化、城市扩张模拟、城市增长边界及生态红线划定、设施选址等问题上都得到了有效实践。本研究拟借助 GeoSOS 模型对广东省全省范围内土地利用变化进行模拟与预测。

GeoSOS 运行于 ArcGIS 软件平台，可提供基于人工神经网络、决策树算法和 Logistic 回归模型的三类元胞自动机模型。

3.4.1 ANN-CA 模拟

人工神经网络是一种在生物功能的启示下，构建的一种数据处理技术。本质上，网络的功能由神经节点决定，因此我们希望训练神经网络来执行特定功能，这可以通过改变神经节点的权重来实现。网络基于输出和预期目标的比较进行调整，直到网络输出与目标匹配。人工神经网络具有自学习，自适应，自组织和强大的非线性映射功能，特别适用于处理因果关系的非确定性推理、判断、识别和分类。人工神经网络的核心功能是"训练"。通过一批预定义的输入/输出数据，分析和总结它们之间的潜在规律，并将新规则与输入数据结合起来预测输出。

ANN-CA 模拟是指基于人工神经网络方法的元胞自动机模拟过程，采用人工神经网络的方法提取研究区土地利用变化规则，再将该变化规则应用于土地利用变化的模拟与预测之中，如图 3.20 所示。

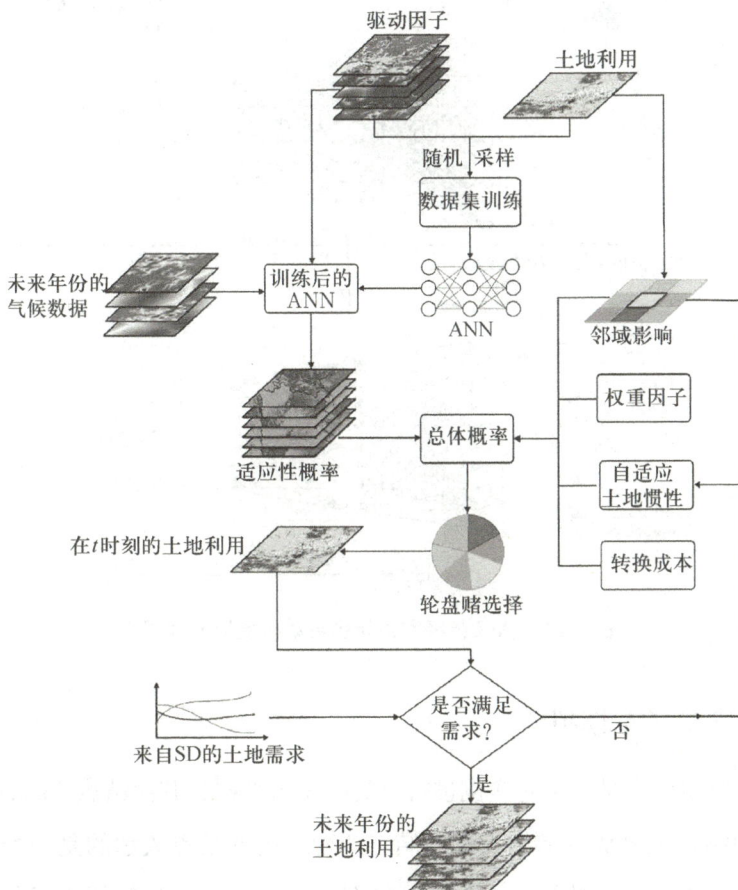

图 3.20　ANN-CA 模拟思维框架图

在 ANN–CA 训练阶段，系统通过抽样数据训练人工神经网络，以获得神经网络的权重值，这需要输入包含土地利用变化影响因子、邻域窗口各土地利用类型统计值、当前土地利用类型等，训练结束后可输出各土地利用类型的概率值。在 ANN–CA 模拟阶段，系统则借助训练成果来判别当前土地利用栅格是否可以进行转换，达到终止条件时结束模拟过程。

有别于传统神经网络算法指导的元胞自动机模型（图 3.21），GeoSOS 系统添加了邻域计算和转换适宜性条件，能够更大程度地控制模拟结果。ANN–CA 适用于进行多类土地利用类型转换。

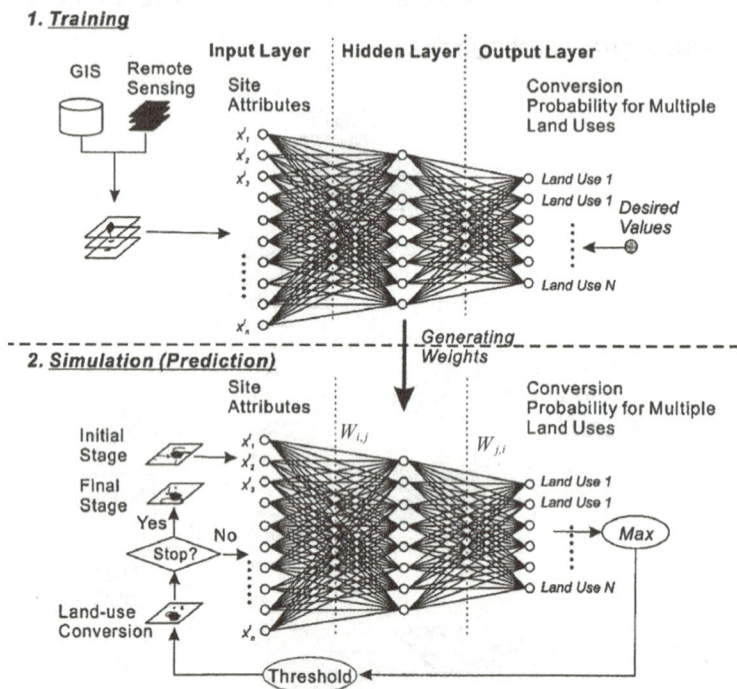

图 3.21　人工神经网络元胞自动机模拟流程图

3.4.2　DT–CA 模拟

分类决策树模型是一种对实例进行分类的树形结构，其由结点（node）和有向边组成，而结点也分成内部结点和叶结点两种，内部结点表示的是一个特征和一个属性，叶结点表示具体的一个分类，如图 3.22 所示。用决策树进行分类，从根结点开始，对实例的某一个特征进行测试，根据测试结果分配往对应的子结点中去，每个子结点对应一个特征的取值，递归进行分类测试和分配，最终到达对应的叶结点，完成本次的分类。同时决策树也可以表示给定特征条件下类的条件概率分布，这一条件概率分布定义了特征空间的一个划分，将特征空间划分成了互不相交的单元，并在每一个单元定义一个类的概率分布就构成了一个条件概率分布。决策树的一条路径对应于一个单元，决策树所表示的条件概率分布由各个单元给定条件下类的条件概率分布组成。

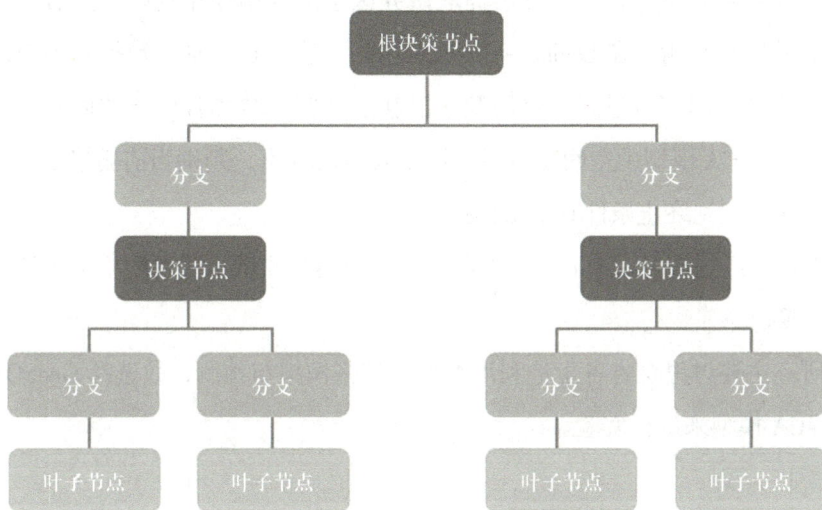

图 3.22　决策树思维导图（来源：数据纸牌屋）

DT-CA 模拟是指基于决策树算法提取研究区土地利用变化规则，并将该变化规则应用于元胞自动机模拟与预测的模型。

在 DT-CA 训练阶段，系统通过抽样数据来生成决策树，获取非城市用地向城市用地转换的规则，需要输入土地利用变化驱动因子、邻域窗口内城市用地统计值以及当前的土地利用类型，训练结果输出为非城市用地向城市用地转换规则的决策树。而在 DT-CA 模拟阶段，主要是利用决策树提取的规则来判别当前栅格是否可以转换为城市用地，若转换条件满足，则计算邻域发展密度（邻域窗口内城市用地的比例），如果其大于随机值，则该元胞转换为城市用地。基于决策树算法的元胞自动机模型适用于非城市用地和城市用地的单类土地利用类型转换。

3.4.3　Logistic–CA 模拟

逻辑回归（Logistic regression），即逻辑模型，是离散选择法模型之一，主要是针对因变量为分类变量而进行回归分析的一种统计方法，属于概率型非线性回归。它的优点是算法简单高效，在实际生活中应用广泛；缺点是离散型的数据需要通过生成虚拟变量进行使用。

Logistic–CA 采用逻辑回归方法提取研究区土地利用变化规则，然后将规则用于后续的模拟和预测。在 Logistic–CA 训练阶段，直接通过抽样数据对各类影响土地利用变化的空间变量进行逻辑回归，以获取回归常数和各因子的回归系数，将回归结果作为 CA 模型中空间变量对于城市发展的权重，判别当前栅格是否可以进行用地转换，达到终止条件时结束模拟。

与 DT–CA 一样，Logistic–CA 适用于城市用地与非城市用地的单类土地利用类型间的转换。

本研究主要讨论全省各土地利用类型的扩张模拟与预测，故选择 GeoSOS 系统中 ANN–CA 模型来进行实验。

第四章 典型地类变化模拟与预测

4.1 模型有效性检验

本研究构建了广东省城市扩张模拟 CA 模型，利用模拟结果的精度信息可验证模型的有效性。进行模型有效性检验首先需要完成模型的训练，以 2009 年广东省土地利用现状数据作为起始数据，以 2014 年广东省土地利用数据作为终止条件对模型进行训练，以获取元胞自动机转换规则，再依据训练结果以 2014 年广东省土地利用数据为起始数据，以 2019 年广东省土地利用数据为终止条件进行模型模拟，通过对模拟结果的总精度值、Kappa 系数检验以及 FoM 精度检验来验证模型的有效性。

由结果可知，本研究所构建的广东省土地利用变化模拟 CA 模型在实验中取得了较好的模拟结果，两种情景下模型模拟总精度均处于高水平，且 Kappa 系数显示模拟结果与实际情况有着较高的一致性。情景 1 模拟总精度达 80.78%，情景 2 模拟精度达 80.75%，且两次模拟结果 Kappa 系数均达到了 0.789 的较高水准。结合 FoM 精度值来看，情景 1 模拟下模型精度值为 0.415，而情景 2 则为 0.434，也验证了本模型模拟的准确度是可信的，如表 4.1 所列。

表 4.1 2019 年广东省土地利用变化模拟精度值

精度指标	情景 1	情景 2
模拟总精度 /%	80.78	80.75
Kappa 系数	0.789	0.789
FoM 精度值	0.415	0.434

4.2　新增建设用地面积预测

利用元胞自动机进行土地利用变化扩张模拟需要设置一定的终止条件。综合相关研究成果，本研究选定以 2025 年建设用地总量的预测值作为元胞自动机模型运行终止条件。由于缺少该预测值的直接指导文件支撑，本研究选择通过预测 2025 年常住人口数量与人均建设用地面积相结合的方式，推测未来建设用地的增长空间。

我国人口统计调查主要有三种方式，一是全国人口普查，每十年开展一次，在尾数逢"0"年份进行，普查数据在《中国人口普查资料》上发布；二是全国 1% 人口抽样调查，在尾数逢"5"的年份进行，调查数据在《全国 1% 人口抽样调查资料》上发布；三是全国人口变动情况抽样调查，样本量约占总人口的 1‰，除普查年份和 1% 人口调查抽样年份外，每年进行一次，调查数据在《中国统计年鉴》和《中国人口和就业统计年鉴》上发布。由《广东省统计年鉴》可获取广东省历年人口统计数据，包含人口普查数据及抽样统计数据。由于非普查年份的人口数是根据当年抽样调查数据推算而来，部分年份抽样调查存在漏登率造成推算的人口总体会存在一定的偏差，而且随着时间的推移，这些偏差会不断累积。按照国际惯例和通常做法，普查结束后一般会依据普查结果对两次普查之间公布的年度数据进行修订，以更加真实、客观地反映人口发展轨迹，广东省 2000 年至 2019 年常住人口数据如表 4.2 所列。2021 年 4 月，国家公布以广东省第七次人口普查成果，2020 年广东省常住人口总数达到 12 601.25 万人，相应的历年人口数值需要进行一定的修订，本研究利用平滑拟合等方法按人口增长速率对广东省历年人口统计值进行了初步调整，得到全省 2019 年常住人口数约为 12 281.34 万人，且经过进一步拟合预测得到 2025 年广东省常住人口将增长至 13 270.57 万人，如表 4.2 所列。

表 4.2　广东省历年常住人口数

年份	常住人口 / 万人	年份	常住人口 / 万人
2000	8 650.03	2003	8 962.69
2001	8 733.18	2004	9 110.66
2002	8 842.08	2005	9194

年份	常住人口 / 万人	年份	常住人口 / 万人
2006	9 442.07	2013	10 644
2007	9 659.52	2014	10 724
2008	9 893.48	2015	10 849
2009	10 130.19	2016	10 999
2010	10 440.94	2017	11 169
2011	10 505	2018	11 346
2012	10 594	2019	11 521

　　套用广东省"三调"数据成果可知全省人均建设用地面积现状为 164.91 平方米，在 2019—2025 年新增人口预测值为 989.22 万人的基础上，结合现状人均建设用地标准，可推算出 2019—2025 年间广东省新增建设用地面积约为 16.31 万公顷（244.71 万亩）。本研究以此作为元胞自动机模型运行的终止条件。

4.3　土地利用变化预测结果

　　基于上述建设用地面积预测值运行不同情景下广东省土地利用变化模拟预测元胞自动机模型，可以分别得到 2025 年广东省在无约束条件下城市扩张（情景 1）模拟预测结果以及在国土空间格局优化约束下土地利用变化（情景 2）情景下的对照结果。

　　不同情景预测结果中各地类变化情况如表 5.1 所列。从预测结果来看，2025 年广东全省范围内耕地、园地、草地、水体、其他用地均存在一定程度的减少，而建设用地和林地则出现了不同水平的增加，整体变化趋势与过去十年土地利用变化基本一致，但不同地类面积变化水平有所差异，且两种情景下变化程度也不同。

第五章　预测结果分析

5.1　全省土地利用变化预测结果分析

具体来看全省 2025 年耕地减少较多，在城市自由扩张的情景 1 条件下，耕地面积将减少 318.04 万亩，减少幅度为 11.15%；园地减少 45.79 万亩，减幅达 2.30%；林地面积得到增加，增加幅度达到 2.03%，共增长了 327.89 万亩；草地面积出现较大减少，减幅达到了 14.30%，面积减少 51.14 万亩；水体面积减幅为 4.86%，较"三调"成果减少 107.75 万亩；建设用地增长情况与预测结果相近，面积增长 241.87 万亩，增幅达到 7.96%；其他用地得到较大幅度的开发，转化面积为 47.04 万亩，减少幅度为 14.59%。具体数据如表 5.1 所列。

表 5.1　土地利用面积变化情况

地类	情景 1		情景 2	
	变化量 / 万亩	变化率 /%	变化量 / 万亩	变化率 /%
耕地	−318.04	−11.15	−288.09	−10.10
园地	−45.79	−2.30	−85.51	−4.30
林地	327.89	2.03	348.97	2.16
草地	−51.14	−14.30	−49.86	−13.94
水体	−107.75	−4.86	−91.92	−4.14
建设用地	241.87	7.96	230.86	7.60
其他用地	−47.04	−14.59	−64.45	−19.99

在考虑国土空间格局保护的情景 2 条件下，耕地的减少幅度分别收窄为 10.10%，耕地面积消减速度得到一定缓解；园地面积较情景 1 减少约 2%，大量园地将会转化为建设用地、林地等用地类型；林地面积较情景 1 多增加了 21.09 万亩，生态保护作用得以体现；草地面积同样呈现减少趋势，减幅与情景 1 相近，

约为 13.94%；水体面积共减少 91.92 万亩，减幅收窄为 4.14%；情景 2 建设用地面积较情景 1 的大幅扩张情况也有所收窄，增长面积为 230.86，增幅为 7.60%；其他用地则得到了较大程度开发，预计将减少 64.45 万亩，减少幅度达到 19.99%。总体来看，在考虑国土空间格局优化约束的情景 2 下，耕地、草地、水体等农业空间和生态空间用地面积减幅得到收窄，林地面积也较自由扩张的情景 1 中变化情况有所增加，与此同时建设用地扩张情况有所缓解，城镇空间盲目外延的发展方式逐渐转变为城镇空间内部的集约利用。实现了优化国土空间格局的目标、践行了耕地保护和生态保护的现实要求，在推进城市开发建设的同时要重点注意建设用地与耕地、林地、草地、水体等的转化，避免城镇空间的无序扩张。

5.2 耕地预测结果分析

从行政区上来看，从"三调"时期到 2025 年全省耕地面积变化普遍呈减少趋势，在城市自由扩张的情景 1 下，耕地面积减少最多的城市为清远市，减少幅度达 39.38 万亩，变化率为 14.95%，其余耕地面积减少较多的城市依次有茂名市、梅州市、惠州市、肇庆市，上述城市耕地面积减少幅度均在 20 万亩以上，应当警惕其耕地面积大幅减少的趋势。此外，耕地面积减少较少的城市主要是深圳市、东莞市、中山市、汕头市、珠海市和潮州市等，其中珠海市、中山市、潮州市等城市耕地面积减少幅度均在 20% 以上，主要是因为上述城市耕地面积总量有限，故即便耕地面积减少量较小，但其变化程度依然值得警惕。

在考虑国土空间格局约束的情景 2 中，全省大部分城市耕地面积减少幅度较情景 1 得到收窄，其中中山市降幅收窄 11.18%，耕地面积减少趋势得到缓解，佛山市与之类似，降幅收窄 9.12%，耕地保护收获一定成效。值得注意的是，即便在该情景下仍有部分城市耕地面积减少幅度出现扩大，例如东莞市耕地面积减少4.57 万亩，较情景 1 中预测结果降幅增加了 14.24%，这进一步说明了该市的耕地保护形势，因而更要注意其国土空间格局的保护，减少对耕地的非农化占用等情况。汕头市、珠海市与东莞市情况相似，均需要加强对有限耕地资源的保护，减少建设开发占用，如表 5.2 所列。

表 5.2　全省耕地面积变化情况

城市	情景 1		情景 2	
	变化量 / 万亩	变化率 /%	变化量 / 万亩	变化率 /%
广州市	−18.29	−23.59	−17.64	−22.75
韶关市	−18.14	−7.51	−14.73	−6.10
深圳市	−0.54	−12.61	−0.77	−18.06
珠海市	−6.15	−62.56	−7.16	−72.78
汕头市	−4.11	−9.59	−8.65	−20.15
佛山市	−12.84	−40.43	−9.94	−31.31
江门市	−19.52	−11.72	−17.83	−10.71
湛江市	−18.07	−2.92	−16.15	−2.61
茂名市	−32.80	−13.14	−29.70	−11.90
肇庆市	−21.53	−13.47	−15.61	−9.77
惠州市	−26.24	−19.15	−26.33	−19.21
梅州市	−30.52	−18.87	−24.09	−14.89
汕尾市	−9.41	−8.26	−5.71	−5.01
河源市	−14.02	−8.88	−14.22	−9.01
阳江市	−12.67	−7.89	−12.49	−7.78
清远市	−39.38	−14.95	−33.24	−12.62
东莞市	−2.60	−18.72	−4.57	−32.96
中山市	−2.89	−26.12	−1.65	−14.94
潮州市	−6.98	−25.32	−5.38	−19.52
揭阳市	−10.60	−11.60	−9.20	−10.06
云浮市	−10.74	−9.67	−13.04	−11.75

从全省土地利用分区情况来看，情景 1 中耕地面积减少最多的区域是粤西北山区，共减少 112.81 万亩，其次是珠三角平原区，面积减少 110.59 万亩。粤东沿海地区耕地面积减少最少，变化量为 31.10 万亩。考虑到不同区域耕地资源富集程度存在空间差异，从变化量上来看，耕地锐减最为明显的区域是珠三角平原区，其减少幅度高达 18.08%，而粤东沿海区尽管耕地面积减少最少，但由于其自身耕地资源总量有限，因而减少幅度也达到了 11.28%，需要警惕其土地利用变化中对耕地的侵占，避免耕地资源大量流失。

情景 2 中四大区域耕地面积减少的情况普遍得到缓解，其中珠三角平原区耕地面积减少最多，为 101.50 万亩，略高于粤西北山区耕地面积减少量，后者共减少 99.32 万亩，数据对比如表 5–3 所列。粤东沿海区耕地减少量较情景 1 收窄为 28.94 万亩，说明了加强耕地保护，减少建设占用的措施将有效缓解耕地资源流失的问题。

表 5.3　土地利用分区耕地面积变化情况

区域	情景 1		情景 2	
	变化量 / 万亩	变化率 /%	变化量 / 万亩	变化率 /%
珠三角平原区	−110.59	−18.08	−101.50	−16.59
粤东沿海区	−31.10	−11.28	−28.94	−10.49
粤西沿海区	−63.54	−6.17	−58.33	−5.67
粤西北山区	−112.81	−12.06	−99.32	−10.61

5.3　建设用地预测结果分析

全省建设用地面积变化呈现普遍增长的特点，在城市自由扩张情景下，全省建设用地面积增长 241.87 万亩，增长幅度为 7.96%，其中建设用地面积增长最多的城市是惠州市，面积增长总量为 36.61 万亩，其次是东莞市、广州市等城市，建设用地面积均增长了 27 万亩以上。云浮市、阳江市、汕尾市、珠海市等城市建设用地面积增长较少，面积增量均不到 4 万亩。从增长率来看，全省建设用地面积增长幅度最大的城市仍然是惠州市，其增幅高达 20.11%，其次中山市、东莞市、河源市、韶关市等城市增长幅度均超过了 10%，而增幅较小的城市主要是阳江市、云浮市、茂名市、湛江市、梅州市、清远市等城镇化水平较低的城市，其增幅均在 4% 以内。

在考虑情景 2 中的国土空间格局约束，全省建设用地增长 230.86 万亩，增幅达到 7.60%，较情景 1 有所收窄。具体来看，各市建设用地增加情况总体与情景 1 类似，惠州市以 37.56 万亩的增量排在全省建设用地扩张前沿，东莞市和广州市紧随其后，阳江市和珠海市建设用地面积增长最少，不到 3 万亩，排在全省扩张的末端。值得注意的是，情景 2 中全省建设用地面积较情景 1 的增幅出现了不同程度的增加与减少，其中佛山市、中山市、江门市、肇庆市、广州市等城市建设用地面积较情景 1 中的增长情况有所收窄，而茂名市、汕头市、湛江市、揭阳市等城市则出现了建设用地扩张加大的趋势，如表 5.4 所列。从两种情景下城市扩张情况可以看出，茂名市、湛江市、汕头市、揭阳市等城镇化水平不高的"农业大市"由于自身城镇化发展的空间巨大且动力强劲，未来几年仍将保持城镇空间快速扩张的趋势；而广州市、佛山市、中山市、东莞市等经济发展水平较高的传统"强市"，则由于建设用地可拓展空间有限，且面临较严峻的耕地保护和生态保护压力，在国土空间格局优化的约束下将放缓城镇空间扩张的脚步，注重自身农业、生态和城镇三区空间的协调发展上来。

表 5.4　全省建设用地面积变化情况

城市	情景 1		情景 2	
	变化量 / 万亩	变化率 /%	变化量 / 万亩	变化率 /%
广州市	27.34	9.68	25.32	8.97
韶关市	13.91	11.07	13.40	10.66
深圳市	9.81	6.39	10.04	6.54
珠海市	3.10	4.77	2.64	4.07
汕头市	6.00	6.32	8.15	8.58
佛山市	16.60	7.31	8.34	3.67
江门市	11.58	7.29	8.16	5.14
湛江市	8.48	3.53	10.46	4.36
茂名市	7.03	3.51	9.35	4.66
肇庆市	7.50	5.15	5.11	3.51
惠州市	36.61	20.11	37.56	20.63
梅州市	5.91	3.67	5.95	3.70
汕尾市	2.95	4.83	3.70	6.05
河源市	14.13	12.42	14.67	12.90
阳江市	2.55	2.70	2.33	2.47
清远市	5.83	3.68	6.22	3.93
东莞市	27.96	14.16	27.47	13.91
中山市	15.42	15.14	9.74	9.57
潮州市	5.30	8.23	5.94	9.23
揭阳市	11.40	9.53	13.18	11.02
云浮市	2.47	2.73	3.12	3.45

从全省土地利用分区情况来看，情景 1 中建设用地面积增量主要集中在珠三角平原区，共计 155.92 万亩，占全省建设用地增量的六成以上，粤西沿海区、粤东沿海区两个区域建设用地增长较少，分别增长 18.06 万亩、25.65 万亩。从变化量来看，全省建设用地变化最剧烈的区域同样是珠三角平原区，未来将继续保持建设用地快速扩张的趋势，2025 年其建设用地面积增幅将达到 10.30%，其次是粤东沿海区，建设用地也将增长 7.54%，而粤西沿海区增幅仅 3.38%，增速在全省土地利用四大分区中排名最后。

尽管情景 2 中全省建设用地面积增长幅度较情景 1 出现收窄，但各分区情况存在一定空间分异。情景 2 下珠三角平原区建设用地面积增量较情景 1 收窄 1.42%，而粤东沿海区、粤西沿海区、粤西北山区等区域建设用地面积较情景 1 都出现了一定程度的扩大，分别增加了 5.32 万亩、4.08 万亩和 1.11 万亩，如表 5.5 所列。由两种情景对比结果可以看出，情景 2 的约束作用将缓解珠三角平原区建设用地扩张态势，对该地区耕地保护和生态保护提供保障。而其他各区由于城镇化水平较低、建设用地可拓展空间大，且经济发展需求大、动力足，较情景 1 建设用地增长情况均出现不同程度的进一步增长，因而也需要强化对上述区域国土空间格局稳定性和承载力的评估，实现国土空间格局优化和平衡发展。

表 5.5 土地利用分区耕地面积变化情况

区域	情景 1		情景 2	
	变化量 / 万亩	变化率 /%	变化量 / 万亩	变化率 /%
珠三角平原区	155.92	10.30	134.38	8.88
粤东沿海区	25.65	7.54	30.97	9.10
粤西沿海区	18.06	3.38	22.14	4.14
粤西北山区	42.25	6.51	43.36	6.68

第六章 土地利用问题与对策

2021 年 8 月 26 日，国务院第三次全国国土调查领导小组办公室、自然资源部、国家统计局联合召开了第三次全国国土调查主要数据成果新闻发布会。会议上，自然资源部党组成员、副部长，国务院第三次全国国土调查领导小组办公室主任王广华阐明了"三调"数据的真实准确性落实，以及明确基于生态文明建设和粮食安全政策对于湿地、耕地和园地的地类问题，并针对"三调"反映出的问题提出以下措施加以改进解决。

（1）严格耕地保护

"三调"结果显示，2019 年末全国耕地 19.18 亿亩。国务院 2017 年印发公布的《全国国土规划纲要（2016—2030）》确定，到 2020 年的全国耕地保有量目标为 18.65 亿亩，2030 年的全国耕地保有量目标为 18.25 亿亩。从全国层面看，目前的耕地数量控制在国家规划确定的耕地保有量目标任务内。但综合考虑生态建设、经济社会发展用地需求等因素，在耕地保护方面，我们绝不能掉以轻心，必须坚持最严格的耕地保护制度。一是结合各级国土空间规划编制，以"三调"成果为基数和底图，按照应保尽保原则，合理确定各地耕地保有量，严格划定永久基本农田，牢牢守住 18 亿亩耕地红线，确保完成国家规划确定的耕地保护目标。二是压实地方各级党委和政府耕地保护目标责任，实行党政同责；把耕地保有量和永久基本农田保护目标任务带位置逐级分解下达，作为刚性指标严格考核。三是对耕地，特别是永久基本农田实行特殊保护，耕地主要用于粮食和棉、油、糖、蔬菜等农产品生产，永久基本农田按粮田管理。严格用途管制，坚决遏制耕地"非农化"、严格管控"非粮化"，从严控制耕地转为其他农用地。四是规范完善耕地占补平衡，确保补充耕地数量相等、质量相当。

（2）统筹生态建设

"三调"结果显示，我国生态建设取得了积极成效，但生态建设格局在局部地区还不稳定，必须坚持最严格的生态环境保护制度。一是坚持系统观念，在"三调"形成的数据库基础上，科学划定生态保护红线，合理安排生态建设布局，纳入各级国土空间规划并严格实施。二是尊重自然规律，对"三调"发现的不符合自然地理格局的土地利用方式，按照"宜耕则耕、宜林则林、宜草则草、宜湿则湿、宜荒则荒、宜沙则沙"的原则，逐步进行调整。三是通盘安排生态退耕、国土绿化等生态建设，依据"三调"形成的统一底图，按照"宜乔则乔、宜灌则灌、宜草则草"的原则，科学确定并带位置下达新的绿化任务。

（3）节约集约用地

"三调"结果显示，建设用地的增加与经济社会发展的用地需求基本适应，但粗放利用的问题依然突出，必须坚持最严格的节约用地制度。一是合理确定新增建设用地规模，科学划定城镇开发边界，将城镇建设严格限定在开发边界之内。二是完善政府引导市场参与的城镇低效用地再开发政策体系，着力推动城镇存量建设用地开发利用，积极盘活农村存量用地，持续提高土地利用效率。三是强化节约集约用地评价，新上项目用地节约集约化程度应努力达到国内同行业先进水平。四是大力推广节地技术，培育节地模式和节地典型。

广东省按照党中央、国务院的决策部署，以"三调"成果为底版，结合土地利用数据、数字高程数据和夜光遥感数据等多源数据，运用 ANN-CA 模型对广东省的土地利用状态进行模拟。综合上述实验结果可知，随着城镇化的进一步发展，全省土地利用仍会发生较为剧烈的变化，不同地类在规模和空间上呈现不同的变化特征，在新时期生态文明体制改革、践行国土空间格局优化保护的背景下，未来广东省耕地、建设用地等典型地类的土地利用变化特征需要引起重视，并加以科学引导。

1）坚持保护优先，打开资源配置的新空间

从"二调"时期到"三调"时期，全省耕地面积已出现大幅锐减的情况，而2025年全省耕地面积变化预测结果显示，耕地资源还将进一步消减，严重威胁到粮食安全和社会稳定。全省耕地资源的消减以珠三角平原区为典型，由于经济高速发展带来的巨大用地需求，珠三角平原区大量耕地资源被非农转化利用，造成耕地破坏与侵占。新时期，在全省社会经济发展的同时，尤其要注意加强对农业空间、生态空间的保护与协调，科学评估国土空间资源环境承载力，减少对耕地资源不必要的侵占与消耗，实现全域资源的科学合理配置。

2）坚持健康发展，打开集约高效的新空间

城镇化是一个由简单粗放到集约高效的发展过程，粗放扩张往往造成农业空间和生态空间的破坏，威胁国土空间格局。全省建设用地面积在未来还将进一步以侵占其他地类的方式向外扩张，除城镇化水平较高的珠三角平原区需要大量建设用地来安置生产要素、满足人口生活居住外，城镇化水平较低的其他地区由于发展程度低，更加迫切地需要拉高经济水平，进而更容易采取不断向外要空间的粗放发展模式，加剧建设用地对其他空间的侵占。要实现城镇空间、农业空间与生态空间的平衡与协调，就需要不断优化城镇化发展模式，提高城镇空间建设用地的土地利用效率，实现集约高效发展。通过不断盘活城镇空间内部低效用地、提高内部交通通达度，以实现城镇化的健康、先进、高质量发展。

3）坚持因地制宜，打开科学布局的新空间

城镇化空间开发利用的质量效益高低，直接影响全省新型城镇化的质量和建设现代化产业体系的竞争力。顾及全省不同区域自然条件和发展不平衡的现实，既要挖掘珠三角地区的综合承载能力，又要强化东部、北部、西部在农业、生态上的地区兜底保障功能。为了制定出让各方满意的规划，就要在编制各种规划文件、条例制度时平衡各方利益。过去广东省的国土空间规划由于行政体制的影响以及各方之间利益的争夺，导致了对于资源环境和生态文明的破坏，造成了难以挽回的生态损伤，因此必须在生态文明视角下更新省内国土空间规划的科学体系，建立科学的国土空间规划运行机制。为此，将来国土空间规划体系要符合以下两点：首先要具有多样性，不能够设立单一的目标，应能够打造功能、产业、景观多样的城市；其次要有包容性，不能使各目标互相排斥，应能实现各种系统、团体利益之间的平衡。

4）坚持弹性管理，打开国土规划新空间

广东省内规划体系虽然呈现出多元化状态，从过去的城乡规划、土地利用总体规划、主体功能区规划、生态功能区划等到现在的国土空间规划，但共同的发展趋势都是为了强化空间管制。为了实现这一目标，规划应当成为"管""用"的规划。但目前省内规划的落实情况参差不齐，原因之一就是忽略了城市发展的动态性，作为开放系统，城市会永无止境地演变，为了防止规划初期制定的限制不能适应未来城市发展的道路，在编制国土空间规划时应注重刚性要求与弹性约束的结合。可以完善相关法律法规从不同角度强化空间规划的刚性，而空间规划的弹性可以在落实生态保护底线、耕地保护红线的基础上划定弹性城市开发边界，以满足城市中远期建设用地在空间和数量上较大的不确定性。

5）坚持新兴技术，打开数字管理新空间

土地规划的编制与实施是人类意志作用于以地表为主体的自然系统的过程。当前人地矛盾日渐突出，土地退化、城市热岛效应等问题日益凸显，有必要更加深刻地认识和审视土地规划的自然过程，提高土地规划对省内自然环境规律、经济转型发展、社会文化需求以及生态景观格局的适应度、协调度。为了满足对土地规划不断提高的要求，要对传统土地规划方法进行改革，在尊重自然、顺应自然的开发理念下，转变土地规划决策驱动根源，由传统的"目标驱动决策"向"数据驱动决策"转化。大数据时代的新兴技术可以解决过去难以实现的目标，如将云计算、空间数据整合、云分析等技术应用到土地规划过程中，可以综合处理土地规划涉及到的自然、经济、社会等多方面的因素和海量的数据，还可以建立土地规划云服务平台，实现对土地规划成果数据的管理、更新和应用。

6）坚持产城联动，打开合理布局新空间

在城镇化过程中，重要素投入，轻产业升级，城镇化与产业发展脱节，某些地区产业空心化现象严重。城镇化的规模扩张快于内生增长，产业集聚能力低，自主创新程度弱，城乡统筹能力低，产业带动不足，城镇化在很大程度上还停留在低水平的扩张和过度依赖土地、资金等要素投入的驱动阶段。大城市规模过大，小城市规模过小，致使资源供应不足和粗放利用的矛盾并存。城镇布局与资源环境承载力不协调，加剧了生态环境压力。大中小城市和小城镇之间缺乏统筹协调和合理分工，盲目重复建设，恶性竞争，部分行业产能过剩严重。通过优化空间发展结构，促使大中小城市和小城镇协调、有序、健康发展，实现城镇布局与资源环境承载力相协调面临。促进城镇化与产业同步发展，实现城镇化的制度创新、体制机制创新和技术创新发展迫在眉睫，实现城镇化由要素和投资驱动向创新驱动转型。

基于"三调"和"双评价"结果，省国土空间规划对原省主体功能区规划确定的我省主体功能区格局进行了优化。提出全域统筹、"流域+"、湾区引领、对流促进、品质提升五大战略，强化统筹引导。研判国内外经济形势发展、省域人口数量和结构演变、产业经济发展、区域交通组织方式转型等重点领域的变化趋势，谋划面向长远的国土空间格局。推进粤港澳大湾区建设，加快实现"四个走在全国前列"，当好"两个重要窗口"；落实省委"1+1+9"工作部署，支撑"一核一带一区"区域发展新格局的构建，提高全省发展的平衡性和协调性；围绕自然资源部门"两统一"的职责，推进省域山水林田湖海全要素的资源配置和空间治理；顺应未来发展趋势。

十九届五中全会指出的"构建国土空间开发保护新格局"是指：立足资源环境承载能力，发挥各地比较优势，逐步形成城市化地区、农产品主产区、生态功能区三大空间格局，优化重大基础设施、重大生产力和公共资源布局。支持城市化地区高效集聚经济和人口、保护基本农田和生态空间，支持农产品主产区增强农业生产能力，支持生态功能区把发展重点放到保护生态环境、提供生态产品上，支持生态功能区的人口逐步有序转移，形成主体功能明显、优势互补、高质量发展的国土空间开发保护新格局。明确了国土空间的合理开发和有效保护的重要性，更加强调了资源环境保护前提下的国土空间可持续合理适度开发，为经济社会可持续发展和全面绿色转型发展提供坚实的支撑和保障。

综上所述，构建国土空间开发保护新格局与推动形成优势互补高质量发展的区域经济布局别无二致。新时期要实现广东省的科学、绿色、健康和高质量发展，构建国土空间开发保护新格局是其绕不开的关键议题。为此全省需要统筹考虑资源、环境、产业、人口等多要素相协调、互融合、共支撑的国土空间，强调保护前提下的开发和经济社会可持续发展，注重土地的集约高效利用，发挥强化不同类型区域的特色优势和功能定位，为"十四五"推进全省高质量发展和开启全面建设社会主义现代化国家新征程提供空间布局落地的坚实支撑。

参考文献

［1］Herold M，Goldstein N C，Clarke K C，et al. The spatiotemporal form of urban growth：measurement，analysis and modeling [J]. Remote Sensing of Environment，2003，86（3）：286-302.

［2］Tian G，Qiao Z，Zhang Y，et al. The investigation of relationship between rural settlement density，size，spatial distribution and its geophysical parameters of China using Landsat TM images[J]. Ecological Modelling，2012，231（3）：25-36.

［3］Li X，Chen Y M，Liu X P，et al. Concepts，methodologies，and tools of an integrated Geographical Simulation and Optimization System（GeoSOS）[J]. International Journal of Geographical Information Science，2011，25（4）：633-655.

［4］Li X，Shi X，He，et al. Coupling simulation and optimization to solve palnning problems in a fast developing area[J]. Annals of the Association of American Geographers，2011，101（5）：1032-1048.

［5］Clarke K C，Hoppen S，Gaydos L. A self-modifying cellular automaton model of historical urbanization in the San Francisco Bay area[J]. Environment and Planning B：Planning and Design，1997，24（2）：247. 261.

［6］Wu F. Webster C J. Simulation of land development through the integration of cellular automata and multicriteria evaluation[J]. Environment and Planning B：Planning and Design，1998，25（1）：103. 126.

［7］Wu F L. Calibration of stochastic cellular automata：the application to rural. urban land conversions [J]. Intemational Journal of Geographical Information Science，2002，16（8）：795. 818.

［8］甘喜庆. 基于约束 Logistic-CA 模型的城市扩张空间形态研究 [D]. 中南大学，2008.

［9］Munshi T，Zuidgeest M，Brussel M，et a13. Logistic regression and cellular automata. based modelling of retail，commercial and residential development in the city of Ahmedabad，India[J]. Cities，2014，39：68.86.

［10］刘小平，黎夏，叶嘉安，等.利用蚁群智能挖掘地理元胞自动机的转换规则 [J].中国科学（D 辑：地球科学），2007（06）：824–834.

［11］Feng Y，Liu Y，Tong X，et a1.Modeling dynamic urban growth using cellular automata and particle swarln optimization rules[J]. Landscape and Urban Planning，2011，102（3）：188–196.

［12］Cao M，Bennett S J，Shen Q，et a1. A bat.inspired approach to define transition rules for a cellular automaton model used to simulate urban expansion[J]. International Journal of Geographical Information Science，2016，30（10）：1961.1979.

［13］黎夏和叶嘉安，2005；Basse et a1.，2014；Azari et a1.，2016；Omrani et a1.，2017.

［14］徐昔保 . 基于 GIS 与元胞自动机的城市土地利用动态演化模拟与优化研究 [D]. 兰州大学，2007.

［15］Liu X，Liang X，Li X，et a1. A future land use simulation model（FLUS）for simulating multiple land use scenafios by coupling human and natural effects[J]. Landscape and Urban Planning，2017，l68：94.116.

［16］汤国安 . 我国数字高程模型与数字地形分析研究进展 [J]. 地理学报，2014，69（09）：1305–1325.

［17］郑渊茂，何原荣，王晓荣，等 . 夜光遥感数据应用述评与展望 [J]. 遥感信息，2020，35（03）：1–14.

［18］邵春福，赵熠，吴戈 . 道路交通数据采集技术研究展望 [J]. 现代交通技术，2006（06）：66–70.

［19］赵林峰，刘小平，刘鹏华，等 . 基于地理分区与 FLUS 模型的城市扩张模拟与预警 [J]. 地球信息科学学报，2020，22（03）：517–530.

［20］Zhao L. China's 13th Five–Year Plan：Road Map for Social Development[J]. EAST ASIAN POLICY，2016，8（3）：19–32.

［21］Lin Z.X. Study on Coordinated Development of Ecological Environment

Renovation and Natural Landscape Resources Development[J]. 2018，290：297–299.

［22］刘菁华，李伟峰，周伟奇，等．权衡城市扩张、耕地保护与生态效益的京津冀城市群土地利用优化配置情景分析 [J]. 生态学报，2018，38（12）：4341–4350.

［23］许月卿，罗鼎，郭洪峰，等．基于 CLUE–S 模型的土地利用空间布局多情景模拟研究——以甘肃省榆中县为例 [J]. 北京大学学报（自然科学版），2013，49（03）：523–529.

［24］Li L.，Simonovic S.P. System dynamics model for predicting floods from snowmelt in North American prairie watersheds[J]. HYDROL PROCESS，2002，16（13）：2645–2666.

［25］韩会然，杨成凤，宋金平．北京市土地利用空间格局演化模拟及预测 [J]. 地理科学进展，2015，34（08）：976–986.

［26］黎夏，刘小平．基于案例推理的元胞自动机及大区域城市演变模拟 [J]. 地理学报，2007（10）：1097–1109.

［27］杨青生，黎夏．多智能体与元胞自动机结合及城市用地扩张模拟 [J]. 地理科学，2007（04）：542–548.

［28］黎夏，叶嘉安．基于神经网络的元胞自动机及模拟复杂土地利用系统 [J]. 地理研究，2005（01）：19–27.

［29］黎夏，叶嘉安．基于神经网络的单元自动机 CA 及真实和优化的城市模拟 [J]. 地理学报，2002（02）：159–166.

［30］黎夏，叶嘉安，刘小平，等．地理模拟系统：元胞自动机与多智能体 [M]. 北京：科学出版社，2007.

［31］黎夏，李丹，刘小平，等．地理模拟优化系统 GeoSOS 软件构建与应用 [J]. 中山大学学报（自然科学版），2010，49（04）：1–5.

［32］Jiyuan L.，Mingliang L.，Xiangzheng D. The land use and land cover change database and its relative studies in China[J]. J GEOGR SCI，2002，12（3）：275–282.

［33］刘纪远，张增祥，徐新良，等．21 世纪初中国土地利用变化的空间格局与驱动力分析 [J]. 地理学报，2009，64（12）：1411–1420.

［34］王士君，冯章献，张石磊．经济地域系统理论视角下的中心地及其扩散

域 [J]. 地理科学，2010，30（06）：803-809.

　　［35］李京涛，周生路，吴绍华. 道路交通网络与城市土地利用时空耦合关系——以南京市为例 [J]. 长江流域资源与环境，2014，23（01）：18-25.